AKAL BÁSICA DE BOLSILLO **372**

Serie Clásicos de la literatura alemana

Diseño interior y cubierta: RAG
Motivo de cubierta: Dibujo de Franz Kafka, *Cuaderno de dibujo*,
incluido en Max Brod, *Franz Kafka. Eine Biographie* (1937)

Título original:
Brief an den Vater

1.ª edición, 1982
9.ª reimpresión, 2021
2.ª edición, 2024
1.ª reimpresión, 2025

Sector Foresta, 1
28760 Tres Cantos
Madrid - España
Tel.: 918 061 996
atencion.cliente@akal.com
www.akal.com

ISBN: 978-84-460-5465-8
Depósito legal: M-2.754-2024

Impreso en España

Franz Kafka

Carta al padre

Introducción y traducción de
Sergio Guillén

akal
ARGENTINA / ESPAÑA / MÉXICO

Cronología

1883	Franz Kafka nace en Praga el 3 de julio. Hijo primogénito del comerciante Hermann Kafka (1852-1931) y Julie Löwy (1856-1934).
1889-1892	Cursa sus estudios de primaria en la escuela de barrio Fleischmarkt. Nacen sus hermanas: Gabriele, «Elli» (1889); Valerie, «Valli» (1890); y Ottilie, «Ottla» (1892). Otros dos hermanos pequeños murieron al poco de nacer (Georg [1885-1886] y Heinrich [1887-1888]).
1893-1901	Cursa sus estudios de secundaria en el Altstädter Deutsches Gymnasium, en el casco antiguo de Praga.
1896	Celebra el rito judío del bar mitzvá.
1897-1898	Amistad con Rudolf Illowy, Hugo Bergmann, Ewald Felix Příbram y, sobre todo, con Oskar Pollak (hasta 1904). Toma contacto con el darwinismo y el socialismo.
1899-1903	Lee la revista *Der Kunstwart.* Primeros escritos (destruidos).
1900	Vacaciones en Roztok. Lee a Nietzsche.

1901 Termina el bachillerato. Pasa sus vacaciones en Norderney y Helgoland. Comienza sus estudios de Química, primero, Arte y Filología alemana, después, y, finalmente, de Derecho en la Universidad Alemana de Praga. Recibe la influencia del análisis y crítica de la sociedad industrial de Alfred Weber (hermano de Max Weber).

1902 Vacaciones en Triesch y Schelesen, con su tío el doctor Siegfried Löwy (médico rural). En otoño continúa estudiando Derecho. Conoce a Max Brod en una conferencia que este da sobre Schopenhauer. Hace amistad con Felix Weltsch y Oskar Baum.

1902-1906 Cursos y discusiones con Anton Marty. Descubre la filosofía de Franz Brentano en el Círculo del Café del Louvre.

1903 Trabaja en su novela *El niño y la ciudad* (perdida). En julio se licencia en Derecho.

1904-1905 Escribe *Relato de una lucha.* Lee memorias, diarios y cartas de: Byron, Grillparzer, Goethe y Eckermann. Recibe la influencia de Hofmannsthal.

1905-1906 Pasa julio y agosto en Zuckmantel. Romance con una mujer desconocida. Comienza a ver regularmente a Oskar Baum, Max Brod y Felix Weltsch.

1906 En junio obtiene su doctorado en Derecho por la Universidad Alemana de Praga, con Alfred Weber. De abril a septiembre trabaja en el bufete jurídico de su tío Richard Löwy. A partir de octubre comienza el año de servicio obligatorio en los tribunales civil y penal.

1907 Visita nuevamente Zuckmantel. Escribe *Preparativos de boda en la provincia.* En agosto viaja a Triesch. En octubre comienza a trabajar en Assicurazioni Generali.

1908 De febrero a mayo realiza un curso sobre seguro obrero en la Academia Comercial de Praga. Estrecha su amistad con Max Brod, con quien realiza lecturas en común (Huysmans, Flaubert). Hacia finales de julio comienza a trabajar en Arbeiter-Unfall-Versicherungs-Anstalt für Königsreich Böhmen.

1909 Publicación de ocho fragmentos de prosa en la revista *Hyperion.* En septiembre pasa sus vacaciones en Riva y Brescia junto con Max y Otto Brod. Escribe *Los aeroplanos de Brescia.* Se relaciona con anarquistas: Hašek, Illovy y Mares.

1910 Continúa en Círculo del Café Louvre, cuyas reuniones lidera Berta Fanta y desde ese momento se celebran en su casa. En marzo se publican en Bohemia cinco artículos suyos en prosa. En mayo comienza a escribir sus diarios. Participa en una compañía de teatro yiddish. Viaja a París con los hermanos Brod. En diciembre viaja a Berlín.

1911 Entre enero y febrero viaja por negocios a Friedland y a Reichenberg. En abril viaja a Warnsdorf. Pasa el verano en Zúrich, Lugano, Milán. En París planea con Max Brod la novela *Ricardo y Samuel.* Después pasa una semana solo en el sanatorio naturista de Erlenbalch, cerca de Zúrich. Escribe sus diarios de viajes. En invierno participa nuevamente en la compañía teatral yiddish. Traba amistad con el actor Jizchak Löwy. Empieza a trabajar en su novela *El desaparecido.*

1912 A partir de su amistad con Löwy, comienza a interesarse por el folclore judío y por el judaísmo (con Heinrich Graetz y Meyer Isser Pines). Comienza un dibujo de Löwy. Sigue con *El desaparecido* (las secciones principales fueron escritas en 1911-1912). En febrero da una conferencia sobre la lengua hebrea. En julio, a Weimar, con Max Brod. Vuelve a pasar un periodo solo en una clínica naturista de Jungborn. Encuentro con Ernest Rowohlt y Kurt Wolff, gerentes de la editorial Rowohlt. En agosto, conoce a Felice Bauer en la casa de Max Brod en Praga. Envía al editor el manuscrito de *Meditación.* En septiembre escribe *La condena.* Entre septiembre y octubre escribe *El fogonero,* que luego se convierte en el primer capítulo de *El desaparecido.* Desde octubre hasta febrero de 1913 se producen intervalos en sus diarios. En noviembre escribe *La metamorfosis.*

1913 En enero publica *Meditación.* Desde febrero hasta julio de 1914 hay una laguna en su producción literaria. En Pascua visita a Felice Bauer por primera vez, en Berlín. Durante la primavera publica *La condena* y *El fogonero.* En septiembre viaja a Viena, Venecia y Riva. En Riva traba amistad con «la muchacha suiza» (Gerti Wasner). En noviembre se produce el encuentro con Grete Bloch, amiga de Felice

Bauer. Establece correspondencia con Grete, que será la madre de su único hijo, el cual muere a la edad de siete años sin que Kafka hubiera sabido de su existencia.

1914 Pasa la Pascua en Berlín, donde se compromete con Felice Bauer. En julio rompe ese compromiso. Viaja con Ernest Weiss por Hellerau, Lübeck y Marienlyst en el Báltico. En octubre escribe *En la colonia penal.* En otoño comienza *El proceso,* y en invierno escribe *Ante la ley,* que formará parte de *El proceso.*

1915 Tiene varios encuentros en Bodenbach con Felice Bauer. Continúa trabajando en *El proceso.* En febrero se muda de la casa paterna a una casa de huéspedes en Bilekgasse y, después, en Langengasse. Viaja a Hungría con su hermana Elli. En noviembre publica *La metamorfosis.* Entre diciembre y enero de 1916 escribe *El maestro rural.* Conoce a Jiří Mordechai Langer.

1916 En julio se encuentra con Felice Bauer en Marienbad. Durante agosto fluctúa entre las ventajas y los inconvenientes del matrimonio. Escribe cuentos que luego serán recopilados en *Un médico rural.*

1917 En invierno, molesto por ruido, se muda a la calle Alchemist, en Praga. Durante la primera mitad del año escribe *El cazador Gracchus.* Aprende hebreo. En primavera escribe *La gran muralla china.* En julio se produce su segundo compromiso con Felice Bauer. En agosto comienzan sus padecimientos pulmonares, y en septiembre le diagnostican tuberculosis. Se muda a Zürau con su hermana Ottla. En noviembre interrumpe nuevamente su diario. En diciembre rompe una vez más el compromiso con Felice Bauer. Durante el otoño y el invierno, escribe *Aforismos.*

1918 Hasta junio permanece en Zürau. Lee a Kierkegaard. Durante la primavera continúa con *Aforismos.* Viaja a Praga y Turnau. En noviembre, conoce en Schelesen a Julie Wohryzek, hija de un custodio de sinagoga. Escribe un proyecto de sociedad ascética: *Sociedad de trabajadores pobres.*

1919 En enero, estando en Schelesen, resume sus diarios. En primavera vuelve a Praga y se casa con Felice Bauer. En mayo publica *En la colonia penal,* y en otoño *Un médico rural.* En noviembre escribe *Carta al padre.* En invierno, nuevamente en Schelesen con Max Brod, escribe una nueva colección de aforismos.

1920 Entre enero y octubre de 1921 se produce otro intervalo en el diario. Hacia finales de marzo conoce a Gustav Janouch, en Merano. Conoce también a Milena Jesenská-Pollak, traductora checoslovaca, con quien entabla correspondencia. En verano y otoño escribe cuentos. En diciembre, en las montañas Tatra, conoce a Robert Klopstock.

1921 En octubre, escribe una nota en sus diarios y se los regala a Milena. El hijo de Kafka con Grete Bloch muere en Múnich. Queda internado hasta septiembre en el sanatorio de las montañas Tatra. Luego viaja a Praga con Milena.

1921-1924	Escribe cuentos reunidos en *Un artista del hambre.*
1922	Entre enero y septiembre escribe *El castillo.* En febrero viaja a Praga. En mayo se produce el último encuentro con Milena. En junio, se jubilará de manera anticipada por su enfermedad. Entre finales de junio y septiembre permanece en Planá con su hermana Ottla. Luego vuelve a Praga. Durante el verano escribe *Investigaciones de un perro.*
1923	Viaja primero a Praga y luego, en julio, a Müritz con su hermana Elli. Conoce a Dora Diamant. Luego vuelve a Praga y más tarde a Schelesen junto a su hermana Ottla. Hacia finales de septiembre vive en Berlín con Dora. Asiste a conferencias sobre estudios hebreros en la Academia de Berlín. En invierno escribe *La madriguera.* Envía al editor *Un artista del hambre.*
1924	Escribe *Josefina la cantante.* Por su enfermedad, debe trasladarse de Berlín a Praga. En abril se interna en el sanatorio Wienerwald, clínica del doctor Hajek; más tarde se traslada a otro sanatorio en Kierling, cerca de Viena. Lo acompañan Dora Diamant y Robert Klopstock. Muere el 3 de junio en Kierling. Los restos mortales de Franz son enterrados el 11 de junio en el cementerio judío de Praga-Straschnitz. Después de su muerte se publica *Un artista del hambre.*
1931	Muere su padre.
1934	Muere su madre.

1943 Muere su hermana Ottla en Auschwitz. Las otras dos hermanas también murieron en campos de concentración alemanes.

1944 Muere Grete Bloch a manos de un soldado nazi. Muere Milena en otro campo de concentración.

1952 En agosto muere Dora Diamant, en Londres.

1960 Muere Felice Bauer.

Sobre la presente edición

Si Franz Kafka es uno de los clásicos contemporáneos que nos han ayudado a comprender lo incomprensible de nuestra modernidad, y la fragilidad e incapacidad de cada uno de nosotros para enfrentarnos al mundo, su *Carta al padre* es indiscutiblemente el umbral que hay que cruzar para adentrarse en su obra. Texto literario con una gran carga autobiográfica, no sólo relata la distancia que la vida familiar había interpuesto entre Franz y su padre, sino cómo la inercia de esa relación opresiva y tóxica había generado un sentimiento de profunda angustia e insuperable insatisfacción en el autor. Kafka nos da una de las claves interpretativas más importantes de su obra en esta carta: «Mis escritos trataban sobre ti, no hacía más que depositar en ellos los lamentos que no podía depositar en tu pecho». Lo kafkiano, en la vida de Kafka, fue el padre; hoy, lo es la complejidad y la hostilidad que moldean nuestras relaciones sociales.

La presente reedición, además de revisar la traducción publicada en el fondo de nuestro catálogo, incluye notas explicativas sobre cada una de las personas que van apareciendo en la carta y que orbitan en el universo y la vida de Kafka.

Los editores de Akal (2024)

Introducción

Cuando Kafka escribió esta carta, bajo el pretexto de fundamentar ante su padre el miedo que sentía por él, utilizó todas sus argucias de abogado. Sabemos esto ya que él mismo hubo de confesárselo a Milena Jesenská, su segundo gran amor, a quien le permitió la lectura del original, aunque en este se hablase de ella. Tal vez por ser prudente, la madre de Kafka jamás entregó la *Carta al padre.* Sabía que no todo lo que se decía en ella era cierto; que, en realidad, se trataba de una creación literaria de su hijo, no muy distinta de sus novelas y cuentos, aunque si más directa y destructiva.

Esta carta debió haber sido quemada por Max Brod. Al salvarla de la hoguera, este salvó la llave maestra de todos los escritos de Kafka. En ella se basan todas las interpretaciones de lo que el autor denominaba «el revolverse de la mosca en la hoja de papel engomado», es decir, él mismo en la casa paterna.

Es aquí, pues, donde los psiquiatras han encontrado la constancia, la prueba, de un Edipo; y también donde los antipsiquiatras han hallado los argumentos para afirmar que el Edipo no es más que un mito, pero de la psiquiatría.

Sergio Guillén (1981)

Carta al padre

Querido padre:

Una vez, hace poco, me preguntaste por qué decía que te temía. Como de costumbre, no supe qué contestarte, en parte precisamente por el miedo que me das, y en parte porque son demasiados los detalles que fundamentan ese miedo, muchos más de los que podría coordinar a medias, mientras hablo. Y aún ahora, el intento de contestarte por escrito resultará muy incompleto, ya que también al escribir me inhiben el miedo y sus consecuencias, y porque el tema, por su magnitud, excede en mucho tanto mi memoria como mi entendimiento.

Para ti, el caso fue siempre muy simple, por lo menos así nos pareció a mí y a tantos otros a los que hablaste al respecto, sin que hicieras ninguna discriminación. Las cosas te parecían más o menos así: a lo largo de tu vida has trabajado arduamente, sacrificándolo todo por tus hijos y sobre todo por mí; en consecuencia, yo he vivido pródigamente, he tenido la libertad de estudiar lo que quisiera, no he tenido que preocuparme por mi sustento ni por otros problemas serios; a cambio de eso no me pedías que te agradeciera nada, ya que conoces la «gratitud filial»; pero esperabas al menos algún acercamiento, alguna señal de simpatía. En vez de eso siempre te he rehuido, encerrándome en mi cuarto, con libros, con amigos alocados e ideas exageradas; jamás conversé contigo con confianza, no me acerqué a ti en el templo, ni te fui a ver a Franzensbad[1]; además tampoco supe lo que significa preocuparse por una familia, jamás me interesé por tu negocio ni por tus demás asuntos, te endosé la fábrica y luego la abandoné[2]; apoyé a Ottla[3] en su necedad y, mientras por ti no soy capaz de mover un dedo (ni siquiera darte una entrada para el teatro), lo haría todo por mis amigos. Si haces un resumen de tus juicios sobre mí, resulta que no me reprochas nada realmente indecente o malo (excepto, tal vez, mi reciente proyecto de matrimonio[4]), sino frialdad, alejamiento e ingratitud. Y me lo re-

---

[1] Franzensbad era un balneario que los padres de Franz Kafka visitaban con frecuencia *[N. del Ed.]*.

[2] El padre de Kafka regentaba una tienda de artículos de lujo en el centro de Praga por la que Franz no mostró ningún interés. La fábrica que menciona es la fundada por Karl Hermann, marido de Gabriele y cuñado de Franz, en la que la familia había invertido una considerable suma de dinero y en la que Franz debía desempeñar tareas de gestión y control. Sin embargo, al poco tiempo, Franz se desentendió de sus obligaciones y produjo una crisis familiar *[N. del Ed.]*.

[3] Ottla era una de las hermanas de Franz *[N. del Ed.]*.

[4] Se refiere al compromiso con Julie Wohryzek *[N. del Ed.]*.

prochas, como si yo tuviera la culpa, como si con sólo dar vuelta al timón, por ejemplo, hubiera podido cambiar el curso de todo, mientras que tú no tienes ni la menor culpa de ello, salvo la de haber sido demasiado bueno conmigo.

Esta frecuente argumentación tuya me parece correcta en la medida en que yo también te creo enteramente exento de culpa en lo que respecta a nuestro distanciamiento. Pero también yo estoy libre de culpa. Si pudiera lograr que lo reconocieras, entonces sería posible… no digo que una nueva vida, porque para eso ambos somos muy muy viejos ya, pero sí una especie de paz; no un cese, pero con todo, un aplacamiento de tus incesantes reproches.

Curiosamente tú tienes alguna remota idea de lo que quiero decir. Así, por ejemplo, hace poco me dijiste: «Siempre te he querido, aunque no te lo he demostrado como suelen hacerlo otros padres, precisamente porque no sé fingir como ellos». Ahora bien, padre, en general yo nunca he dudado de tu bondad hacia mí, pero no me parece que sea verdad esta observación. No sabes fingir, es cierto, pero querer afirmar por esta razón solamente que los otros padres fingen es o bien pura terquedad, imposible de discutir, o bien –y en mi opinión realmente ese es el caso– una expresión para encubrir el hecho de que hay algo que está mal entre nosotros, y que tú has contribuido a ocasionar, aunque sin culpa alguna. Si es esto lo que realmente opinas, estamos de acuerdo.

No digo, desde luego, que me he llegado a convertir en lo que soy debido sólo a tu influjo. Esto sería una exageración, por la que siento incluso cierta tendencia. Es muy posible que, aunque me hubiese desarrollado de forma totalmente libre de tu influencia, aun así no habría podido hacerme un hombre según como tú lo entiendes. Probablemente habría llegado a ser, a pesar de todo, un hombre bastante débil, miedoso, vacilante e inquieto: no un Robert Kafka ni un Karl Hermann[5], sino por completo diferente, sin duda, de como soy en realidad, y habríamos podido llevar una relación de total armonía. Yo hubiera sido feliz teniéndote como amigo, como jefe, como tío, como abuelo, y hasta (aunque en esto ya titubeo un poco) como suegro. Pero como padre has sido demasiado fuerte para mí, más aún porque mis hermanos murieron muy pequeños, y mis hermanas nacieron mucho más tarde, por lo que fue necesario que soportara yo solo el primer choque, aunque era muy débil para eso.

Compáranos a ambos: yo, para expresarlo de modo muy breve, soy un Löwy con cierto fondo de los Kafka, el que sin embargo no es precisamente agitado por esa voluntad vital, comercial y conquistadora de los Kafka, sino por un aguijón de los Löwy, que ac-

---

[5] Robert Kafka era un primo de Franz dos años mayor que él y Karl Hermann era su cuñado y fundador de la fábrica que ya hemos comentado.

túa más en secreto, más tímidamente y en otra dirección, y que a menudo cesa totalmente de incitar. Al contrario, tú eres un verdadero Kafka en cuanto a fuerza, salud, apetito, potencia vocal, oratoria, autosatisfacción, superioridad mundana, perseverancia, presencia de ánimo, conocimiento de los hombres y cierta amplitud de miras, claro que también con todos los defectos y debilidades correspondientes a tales excelencias, hacia los que te precipitan con violencia tu temperamento y a veces tu irritabilidad. Tu posición general ante el mundo no es del todo la de un Kafka, si cabe compararte con los tíos Philipp, Ludwig y Heinrich[6]. Esto, aunque curioso, es un punto que no he podido dilucidar. Todos ellos fueron indudablemente más alegres, más despreocupados, más espontáneos, tomaban la vida con menos solemnidad y eran menos rígidos que tú. En este sentido, dicho sea de paso, he heredado mucho de ti y he administrado bien este legado, aunque, por cierto, sin poseer en mi carácter el contrapeso necesario tal como tú lo tienes. Pero también, por otra parte, has pasado por diversos periodos: fuiste quizá más alegre antes de que tus hijos –sobre todo yo– te decepcionaran y te afligieran en tu hogar (eras en verdad diferente cuando llegaban amigos) y quizá te hayas vuelto más alegre otra vez, cuando los nietos y el yerno vuelven a brindarte algo de aquel calor que

---

[6] Son los hermanos de Hermann Kafka *[N. del Ed.]*.

los hijos, a excepción tal vez de Valli[7], no supieron darte. De todos modos, éramos tan distintos y tan peligrosos el uno para el otro por esa diferencia que si se hubiese querido calcular de antemano la forma de comportarnos el uno frente al otro, yo, el niño de lento desarrollo y tú, el hombre hecho, habría podido presumirse que prácticamente me pisotearías destruyéndome de modo que nada quedara de mí. Esto, en realidad, no ha sucedido: es imposible calcular nada sobre lo vivo; pero tal vez algo peor sucedió. Y al decirlo, vuelvo a suplicarte que no llegues a olvidar jamás que no te culpo de ninguna manera. Tu influjo sobre mí ha sido como debía ser, y no tienes por qué continuar creyendo que es una especial malignidad de mi parte el hecho de haber sucumbido ante él.

Yo era un niño tímido y, con seguridad, tan terco como suelen ser todos los niños; sin duda también me sobreprotegió mi madre. Pero no puedo creer que haya sido tan difícil de manejar, no puedo creer que una palabra amable, un silencioso tomarme de la mano, una mirada afectuosa no hubieran podido obtener de mí todo lo que quisieran. Ahora bien, tú en el fondo eres un hombre bondadoso y tierno (esto no podría contradecir lo siguiente, puesto que hablo solamente del personaje que influía sobre el niño), pero no todos los niños tienen la perseverancia e intrepidez suficientes como para buscar con paciencia hasta encontrar la

[7] Valli era una de las hermanas de Franz *[N. del E.]*.

bondad. Sólo puedes criar a un niño como tú mismo has sido criado: con fuerza, alboroto e iracundia y esto te parecía más adecuado aún para el caso, ya que querías hacer de mí un muchacho fuerte y valiente.

Claro que no puedo describir hoy concretamente tus métodos educativos en los primeros años de mi infancia, pero me los imagino de forma aproximada deduciéndolos de los años siguientes, como también de tu manera de tratar a Felix[8]. Es necesario tomar en cuenta que todo era más acentuado entonces, porque eras más joven, y por lo tanto más vivaz, más primitivo, más espontáneo, con menos preocupaciones que hoy, y que, además, te encontrabas enteramente absorto en el negocio, te dejabas ver sólo una vez al día, causándome así una impresión tan honda, que apenas llegó a disminuir alguna vez con la costumbre.

Puedo recordar directamente un solo suceso de mis primeros años; quizá también tú lo recuerdes. Una noche, al mismo tiempo que gimoteaba, yo pedía agua sin cesar; desde luego, no tanto por sed, sino probablemente, un poco por fastidiar y un poco para entretenerme. Como no dio resultado ninguna amenaza violenta, me sacaste de la cama, me llevaste en brazos hasta el balcón y allí me dejaste solo, en camisón, parado fuera ante la puerta cerrada. No quiero decir que esto fuera incorrecto; tal vez no hubiera

---

[8] Felix Hermann era el sobrino de Franz, hijo de su hermana Elli y de Karl Hermann *[N. del Ed.]*.

otra manera de dormir en toda la noche, pero con ello quiero mostrar tus métodos educativos y el efecto que tenían sobre mí. Es indudable que esa vez me torné obediente, pero a costa de algún trauma interno. De acuerdo con mi naturaleza, jamás he podido relacionar de forma correcta lo evidente de aquel absurdo de pedir agua, con el hecho extraordinariamente terrible de verme llevado afuera. Años más tarde, aún me perseguía la visión torturadora de ese hombre gigantesco, mi padre, que en última instancia casi sin causa podía venir una noche y transportarme de la cama al balcón: a tal punto era yo una nulidad para él.

Esto fue entonces apenas un leve principio, pero esa sensación de nulidad que a menudo me domina (una sensación en otro sentido también noble y fértil, por cierto) es un producto múltiple de tu influjo. Yo habría necesitado un poco de estímulo, un poco de cordialidad que mantuviera ligeramente abierto mi camino y tú, por el contrario, me lo cerrabas, sin duda con la buena intención de que eligiera otro. Pero yo no servía para eso. Me alentabas cuando ejecutaba bien la marcha o el saludo militar, pero yo no era un futuro soldado; me estimulabas cuando lograba comer mucho y acompañaba la comida con cerveza, o cuando repetía canciones que no entendía, o, como un loro, reproducía tus dichos favoritos, pero nada de todo esto pertenecía a mi futuro. Y es significativo que aún hoy en realidad sólo me estimulas en algo cuando te afecta emocionalmente, cuando hiero tu egoísmo (por ejemplo, con mi intención de casarme) o cuando tu egocentrismo se siente herido en mí (por ejemplo, cuando me insulta Pepa[9]). Entonces se me estimula, se me recuerda mi valer, se me señalan las ventajas que yo tendría derecho a pretender, y Pepa queda condenado definitivamente. Pero, aparte de que a mi edad ya soy casi insensible a tus estímulos, ¿de qué me servirían si sólo aparecen cuando no me atañen?

En aquel entonces y en cada caso habría necesitado el estímulo, pues en verdad ya me sentía reducido por tu aspecto físico. Recuerdo, por ejemplo, cuando nos desnudábamos en una caseta de baño. Yo, flaco, débil y angosto; tú, fuerte, grande y ancho. En esa caseta me sentía miserable y no sólo frente a ti, sino ante el mundo entero, porque eras para mí la medida de todas las cosas. Pero después salíamos de la caseta para mezclarnos con la gente, tomado de tu mano yo era un diminuto esqueleto vacilante, descalzo sobre las tablas, miedoso ante el agua, incapaz de imitar tu forma de nadar que me mostrabas constantemente con la mejor intención, pero que en realidad me hacía sentir profunda vergüenza. Me sentía entonces tremendamente desesperado, lo cual se sumaba en esos momentos con la totalidad de mis experiencias

---

[9] Pepa es el apodo de Josef Pollak, el marido de Valli y cuñado de Franz *[N. del Ed.]*.

negativas vividas en todos los aspectos. En todo caso, me sentía mejor cuando alguna vez te desvestías tú primero y yo podía permanecer solo en la caseta y postergaba la vergüenza de mi presentación en público, hasta que al fin venías a ver qué sucedía y me sacabas afuera. Te estaba agradecido porque no parecías notar mi miseria, así como estaba orgulloso por el cuerpo de mi padre. Por lo demás, aún hoy subsiste esta diferencia de forma parecida.

A todo esto correspondía luego tu supremacía espiritual. Habías llegado muy alto por tu propio esfuerzo y por eso tenías una confianza ilimitada en tu opinión. Cuando era niño, esto ni siquiera me deslumbraba tanto como deslumbraría después al adolescente, al hombre joven en formación. Desde tu sillón gobernabas al mundo. Tu opinión era la exacta y cualquier otra era absurda, alocada, excéntrica, anormal. Y tu confianza en ti mismo fue tan grande que ni siquiera necesitabas ser consecuente para que continuaras teniendo la razón. Podía suceder también que acerca de algún asunto no tuvieras ninguna opinión y que por eso todas las opiniones que con respecto a ese asunto fueran posibles en general, hubieran de ser falsas sin excepción. Podías, por ejemplo, despotricar contra los checos, luego contra los alemanes, luego contra los judíos, en cualquier orden, sin ningún criterio, y por último no quedaba ya nadie más que tú. Te transformaste para mí en lo enigmático de todos los tiranos, cuyo derecho se basa en su persona y no en el pensamiento. Así me parecía al menos.

Ahora bien, de hecho solías tener razón con asombrosa frecuencia; no sólo en el diálogo, lo cual se sobreentendía pues era casi imposible cualquier conversación entre nosotros, sino también en lo referido a toda realidad. Esto no es muy difícil de entender: todo mi pensamiento se hallaba bajo tu pesada presión, incluso el que no coincidía con el tuyo y ese más aún. Tales ideas que en apariencia eran independientes de ti, llevaban desde un principio el peso de tu fallo adverso; soportar esto, hasta la realización completa y permanente de mi idea, era casi imposible. No me refiero a ninguna clase de pensamiento elevado, sino a cualquier asunto pequeño y propio de la infancia. Era suficiente sentirse feliz por cualquier causa, absorto en ella, llegar a casa y expresarla, y la respuesta era un suspiro irónico, un movimiento de cabeza, un golpetear de dedos en la mesa: «Ya he visto cosas superiores», o «Qué envidiables preocupaciones», o «No tengo una cabeza tan descansada», o «A ver qué compras con eso», o «Qué acontecimiento». Naturalmente no era posible exigir que te entusiasmaras por cualquier bagatela infantil, puesto que vivías envuelto en preocupaciones y afanes. Pero no era eso de lo que se trataba, sino más bien, y en virtud de tu esencia antagónica, de desilusionar al niño siempre y por principio. Luego este antagonismo se reforzaba de modo constante por la acumulación del material, hasta que finalmente también se hacía valer por la fuerza de la costumbre, aun cuando de repente compartías mi opinión. Por último, tales desilusiones del niño no eran desilusiones de la vida común, sino que como estaba en juego tu persona –medida y patrón para todo– siempre acertaba. El valor, la decisión, la confianza, la alegría por esto o aquello no perduraban hasta el fin si tú te oponías, o bastaba con presuponer tu opinión y, sin duda, podría presumirse esa oposición en casi todas mis acciones.

Esto se vinculaba tanto a pensamientos como a seres humanos. Bastaba que yo tuviera un poco de interés por alguna gente –cosa que debido a mi carácter no sucedía con mucha frecuencia– para que te entrometieras sin la menor consideración hacia mis sentimientos y sin respeto por mi juicio, para que la cubrieras de insultos, calumnias y degradación. Gente inocente tal como Löwy, el actor yiddish, tuvo que sufrir esta condena. Sin conocerlo, lo comparaste, de un modo terrible que ya he olvidado, con bichos y, como en tantas otras ocasiones en que te referías a gente que yo quería, utilizaste automáticamente el proverbio del perro y las pulgas. Recuerdo especialmente el caso del actor, porque esa vez anoté tus manifestaciones sobre él, con esta nota: «Así habla mi padre de mi amigo (a quien no conoce en absoluto), sólo por el hecho de que sea mi amigo. Es algo que siempre podré oponerle, cuando me reproche mi falta de amor filial y gratitud». Siempre me resultó incomprensible tu total insensibilidad frente a la pena y vergüenza que podías causarme con tus palabras y veredictos; era como si no te dieras cuenta de tu poder en lo más mínimo. Yo también, seguramente, te he afligido a menudo con palabras; pero en tal caso lo sabía siempre, me dolía, aunque no podía dominarme, ni contener las palabras, por más que me arrepintiera de ellas con sólo pronunciarlas. Tú, al contrario, descargabas la destructibilidad de tus palabras sin más ni más, no te compadecías de nadie, ni mientras sucedía ni después, y frente a ti uno estaba completamente indefenso.

Pero toda mi educación fue así. Creo que tienes talento educativo; a un ser de tu especie sin duda hubieras podido serle útil mediante la educación; hubiera reconocido la lógica de tus palabras, no se hubiera preocupado por ninguna otra cosa y pasivamente habría ejecutado las cosas de esa manera. Pero para mí, siendo niño, todo lo que me decías era poco más o menos una orden del cielo, que no podía olvidar jamás, seguía siendo para mí el medio más eficaz de juzgar el mundo, ante todo de juzgarte a ti y en ese punto fracasabas completamente. Ya que de pequeño te veía sobre todo durante la hora de la comida, tu enseñanza fue en gran parte la del comportamiento correcto en la mesa. Había que comerse todo lo que estaba en la mesa; no estaba permitido opinar sobre la calidad de la comida, la cual encontrabas a menudo indigerible, la llamabas «carroña»; la «vaca» (la cocinera) la había echado a perder. Debido a tu apetito excelente y tu gusto peculiar, comías todo caliente, apresuradamente y con inmensos bocados. El niño tenía que comer deprisa; un silencio sombrío reinaba durante las comidas, sólo interrumpido por amonestaciones: «Primero come, después habla», o «¡Apúrate, apúrate!», o «¡Mira, ya hace mucho que terminé!». Mordisquear los huesos estaba prohibido, pero tú podías hacerlo; no se podía sorber el vinagre, pero tú sí podías. Lo más importante era cortar de forma pareja el pan; pero el que tú lo hicieras con un cuchillo que chorreaba salsa, eso no tenía la menor importancia. Se debía tener cuidado de no dejar caer migas al suelo; al terminar, la mayor parte de ellas estaba debajo de tu lugar. Una vez sentados a la mesa, sólo era posible dedicarse a comer; pero tú te limpiabas y te cortabas las uñas, sacabas punta a tus lápices y te limpiabas los oídos con palillos. Te lo ruego, padre, comprende lo que te digo, todos estos detalles no habrían tenido importancia por sí solos. Me deprimían únicamente por el hecho de que tú, el hombre que tan enormemente ha influido en mi vida, sin embargo, no respetaba los mandamientos que imponía. Por ello subdividí el mundo en tres partes: una, en la cual vivía yo, el esclavo, bajo leyes que sólo habían sido inventadas para mí y a las que yo, por otra parte, sin saber por qué, nunca podía cumplir de forma satisfactoria, luego, un segundo mundo, infinitamente lejos del mío, en el cual vivías tú, ocupado en gobernar, emitir las órdenes y disgustarte a causa de su incumplimiento; finalmente, un tercer mundo, en el cual vivía el resto de la gente, feliz y sin órdenes ni obediencia. Siempre me encontraba inmerso en la ignominia, ya sea porque obedecía tus órdenes, lo cual me avergonzaba puesto que solamente yo debía cumplirlas; ya sea porque me negaba con obstinación, puesto que ¡cómo podía yo negarme a hacer algo, frente a ti!; o bien, si no podía obedecerte, me avergonzaba por no tener, ni fuerza, ni apetito, ni habilidad como los tuyos, a pesar de que esta exigencia de tu parte como algo que se sobreentendía era, por cierto, lo que más me avergonzaba. De ese modo se despreciaban no sólo los pensamientos, sino también los sentimientos del niño.

Tal vez, si comparo mi situación con la de Felix, todo resulta más claro. También lo tratas de una forma parecida e incluso usas contra él un recurso educativo particularmente horroroso: cuando a la hora de comer comete alguna falta, según tu parecer, entonces no te contentas con decirle como a mí: «¡Eres un cerdo!»; sino que agregas además: «¡Eres un auténtico Hermann!» o «Eres idéntico a tu padre». Ahora bien, probablemente –más que «probablemente» no podría decirse– esto no dañará a Felix, pues para él tú eres sólo un abuelo, por cierto, un abuelo especialmente importante, pero no significas todo, como lo significaste para mí. Además, Felix tiene un carácter tranquilo, que aun ahora es en cierta forma viril; acaso puede quedarse perplejo ante una voz atronadora, pero sin que reciba de ella una influencia permanente; por otra parte, sólo se reúne contigo relativamente poco y recibe también muchas otras influencias; eres para él algo extraño, que quiere y del cual puede escoger lo que desea recibir. En cambio para mí no eras nada extraño: no podía escoger, y tenía que recibirlo todo.

Y tenía que recibirlo sin ninguna objeción, pues a ti te resulta de antemano imposible hablar con tranquilidad acerca de un asunto con el cual no estás de acuerdo o el que, sencillamente, no te planteaste: tu carácter dominante no lo permite. En los últimos años lo explicas achacándoselo a tu nerviosidad cardiaca, pero yo no podría decir que alguna vez las cosas hayan sido significativamente distintas. Como mucho, esta nerviosidad del corazón es para ti un instrumento para el ejercicio del dominio, ya que al pensar en ella el otro ahoga forzosamente toda respuesta. Lo cual, desde luego, no es un reproche; es únicamente la constatación de una situación. Por ejemplo, en el caso de Ottla: «Es imposible hablar con ella, de inmediato te sacude con violencia y sin consideración». Esto es lo que sueles decir, pero en realidad ella, en principio, no te agrede en absoluto; confundes el asunto con la persona. Es el asunto el que te agrede, y tú decides inmediatamente acerca de él, sin escuchar siquiera a la persona; o lo que luego pudiese aducir y que podrá irritarte jamás te convence. En estas ocasiones sólo se te oye agregar: «Haz tu voluntad», «Por mí eres libre», «Eres mayor de edad», «Yo no tengo que darte consejos», y todo ello con ese tono de voz ronco, el terrible tono de la ira de la condena total, ante el cual tiemblo hoy menos que cuando era pequeño, porque el sentimiento de culpa exclusiva del niño fue en gran parte sustituido por la comprensión de nuestra mutua impotencia.

La imposibilidad de un trato sereno tuvo otra consecuencia más, en realidad muy natural: perdí la costumbre de hablar. De cualquier manera no habría llegado a ser un gran orador, pero aun así habría dominado el lenguaje humano con fluidez normal. Desde muy temprano tú me prohibías la palabra. Te recuerdo siempre amenazante «¡Ni una palabra de réplica!» y levantando la mano al mismo tiempo. Cuando se trata de tus asuntos, tú eres un excelente orador y yo adquirí en tu presencia un modo de hablar entrecortado, tartamudeante, y aun eso era demasiado para ti; finalmente me quedé callado, primero, acaso por terquedad y, más adelante, debido a que en tu presencia no podía ni pensar ni hablar. Y como tú eras el que verdaderamente me educaba, esto repercutió siempre en todos los momentos de mi vida. Cometes en general un error curioso cuando crees que nunca me he sometido a ti. «Siempre llevando la contraria»; sin embargo, esta no ha sido en realidad la regla básica de mi vida contigo, tal como tú crees y me reprochas. Es más: si te hubiera hecho menos caso, sin duda estarías mucho más contento conmigo. Más bien, todas tus medidas educativas han sido certeras; no he olvidado ningún detalle; tal como soy (aparte, claro está, de los fundamentos de la vida y su influencia), soy el resultado de tu educación y de mi obediencia. Si este resultado te es penoso a pesar de todo, más aún, si inconscientemente te niegas a reconocerlo como resultado de la educación que tú me diste, eso se debe justamente al hecho de que tu mano y mi material han sido completamente extraños entre sí. Tú me decías: «Ni una palabra más», y con ello querías acallar en mí las fuerzas contrarias que te eran desagradables. Pero tal influjo era demasiado fuerte para mí, yo era demasiado obediente y enmudecí del todo, me oculté de ti y sólo osaba moverme cuando estabas tan lejos que tu poder, al menos directamente, ya no me alcanzaba. Pero tú te encarabas con eso y de nuevo todo te parecía «la contraria», mientras que solamente era la consecuencia natural de tu fuerza y de mi debilidad.

Tus recursos oratorios sumamente eficientes, que al menos conmigo jamás fallaban, esos recursos aplicados a la educación, eran el insulto, la amenaza, la ironía, la risa perversa y –aunque parezca extraño– la autolamentación.

No recuerdo que alguna vez me hayas insultado directamente y con injurias expresas. Esto tampoco era necesario; disponías de otros muchos recursos. Por otra parte, cuando hablábamos en casa y especialmente en el negocio, los insultos volaban alrededor en tales cantidades, cayendo sobre otras personas, que aun siendo un chiquillo casi me dejaban aturdido. Yo no tenía ninguna razón para no achacármelos también a mí, pues la gente que insultabas no era peor que yo y sin duda tampoco estabas más contento con ellos que conmigo. También en esto aparecía nuevamente tu enigmática inocencia e inmunidad, ya que insultabas sin el menor escrúpulo, aunque condenaras y prohibieras los insultos en los demás.

Reforzabas los insultos con amenazas que también me tocaban a mí. Por ejemplo, esta era terrible: «Te destrozaré como a un pez». A pesar de que yo sabía bien que nada peor seguía a tales palabras (aunque, cuando era un niño, realmente no lo sabía), no se contradecía con mi fantasía sobre tu poder, el hecho de que también habrías sido capaz de hacer eso. Asimismo, era terrible cuando, dando gritos, corrías alrededor de la mesa para agarrar a uno de nosotros, aunque era evidente que no deseabas agarrarlo, pero lo hacías como si así fuera, hasta que al fin, aparentemente, era uno salvado por su madre. Nuevamente, eso creía el niño, uno había conservado la vida gracias a tu perdón y seguía vivo gracias a un inmerecido regalo tuyo. Y ahora deben sacarse a relucir también las amenazas respecto de las consecuencias de la desobediencia. Si comenzaba a hacer algo que no te gustaba, y tú me amenazabas con fracasar, el respeto de tu opinión era tan grande, que el fracaso, aunque quizá tardío, era inevitable. Perdí la confianza en mis propias acciones. Yo era inconstante, irresoluto. A medida que me hacía mayor, crecían también los pretextos que me podrías echar en cara como prueba de mi inutilidad; poco a poco, en cierto sentido, adquirías realmente razón. Me cuido mucho de afirmar que sólo por ti he llegado a ser como soy; tú únicamente reforzabas lo que existía, pero lo reforzabas muchísimo, porque eras muy poderoso precisamente frente a mí y en ello empleabas todo tu poder.

Tenías singular confianza en la educación a través de la ironía. Esto se adecuaba por cierto mejor que nada a tu superioridad sobre mí. Una advertencia tuya tomaba generalmente esta forma: «¿No puedes hacer esto así o asá?», «¿Esto sería demasiado para ti?», «¿Para esto naturalmente no tienes tiempo?» u otra parecida, y cada pregunta semejante estaba acompañada por una risa y un rostro malicioso. En cierta forma, uno estaba castigado aun antes de saber que había hecho algo malo. También eran irritantes aquellas reprimendas en que se lo trataba a uno en tercera persona, es decir, que por lo tanto ni siquiera merecía la maliciosa interpelación directa. Cuando hablabas formalmente con mi madre, pero te dirigías a mí en realidad, que estaba allí: «Por supuesto, no puede esperarse esto de nuestro señor hijo», y cosas por el estilo. (Como respuesta al juego, surgió luego el hecho de que yo ya no osara –y, más tarde, habiéndome acostumbrado, ni siquiera pensaba en ello– preguntarte algo de forma directa delante de mi madre. Para el niño era mucho más inofensivo preguntar por ti a su madre, sentada a tu lado; por lo tanto, uno preguntaba a su madre «¿Cómo está mi padre?», preservándose así de sorpresas). Hubo también ocasiones, como es lógico, en que uno festejaba la peor ironía, cuando se refería a otro, por ejemplo a Elli[10], con la cual vivía yo enojado durante años. Para mí era una orgía de maldad, de malévolo gozo, cuando casi durante cada comida se le decía así: «Esa niña ancha tiene que sentarse a diez metros de la mesa»; y cuando luego, enojado, tratabas de imitar de modo exagerado cuán repelente en grado sumo era, a tu parecer, su manera de sentarse, lo hacías sin la más mínima amabilidad ni tono de broma, sino como enemigo exacerbado. Cuántas veces ha tenido que repetirse esta escena y otras similares y cuán poco has conseguido con ello en realidad. Creo que se debía a que el desperdicio de ira y enojo no parecía guardar ninguna relación adecuada con el motivo mismo; no se tenía la sensación de que la ira hubiera sido provocada por esa tontería de estar sentada lejos de la mesa, sino que existía previamente, en toda su magnitud, y que sólo por casualidad tomó precisamente este asunto como pretexto para surgir. Y como uno estaba convencido de que el pretexto se encontraría de

---

[10] Elli era una hermana de Franz *[N. del Ed.]*.

todos modos, no prestaba mucha atención y además se insensibilizaba bajo la amenaza continua; muy poco a poco se había obtenido casi la seguridad de que no se recibiría una tunda. Uno se volvería un niño malcriado, desatento, desobediente y que pensaba constantemente en una fuga, una fuga interior casi siempre. Así sufrías tú, así sufríamos nosotros. Desde tu punto de vista tenías completa razón cuando, con los dientes apretados y esa risa a borbotones que por primera vez había procurado al niño infernales fantasías, acostumbrabas decir con amargura (como todavía hace poco, a propósito de una carta de Constantinopla): «¡Qué sociedad!».

Del todo incompatible con esta posición frente a tus hijos parecía el hecho, sumamente común, por cierto, de que te lamentaras públicamente. Confieso que como niño no me inspiraba esto ningún sentimiento (sí más adelante) y que no entendía cómo esperabas que encontrarías alguna compasión. Si eras tan gigantesco en todo sentido, ¿qué importancia podía tener para ti nuestra compasión o más aún nuestro auxilio? En realidad, tenías que despreciarlo, como a nosotros mismos. Yo no creía, entonces, en esas lamentaciones, y buscaba tras ellas alguna intención oculta, sólo más tarde comprendí que realmente sufrías mucho a causa de tus hijos. Pero entonces, cuando las lamentaciones aún habrían podido hallar, en otras circunstancias, un sentimiento infantil abierto, libre de escrúpulos y dispuesto a ayudar en todo, únicamente pudieron parecerme recursos de educación y de humillación, muy evidentes, no muy eficaces como tales, pero con el nocivo efecto secundario de que el niño se acostumbrase a no tener muy en cuenta precisamente aquellas cosas que debería tener muy en cuenta.

Afortunadamente, también hubo momentos de excepción, cuando sufrías en silencio y el amor y la bondad vencían con su poder todo lo que se les oponía, apoderándose de ello de inmediato. Esto ciertamente sucedía pocas veces, pero era maravilloso. Así, por ejemplo, hace mucho tiempo, en los veranos calurosos, te veía dormitar un poco en el negocio a mediodía después del almuerzo, cansado, con el codo en el pupitre; o cuando los domingos venías a visitarnos, rendido, a nuestra vivienda de veraneo; o cuando durante una grave enfermedad de nuestra madre te aferrabas a la biblioteca, temblando de llanto; o cuando durante mi última enfermedad venías silenciosamente a verme al cuarto de Ottla, te parabas en el umbral, estirando tan sólo el cuello a fin de verme en la cama y me saludabas nada más que con la mano, por consideración. En estos momentos se acostaba uno y lloraba de dicha, y llora ahora de nuevo, mientras lo escribe.

Tienes también un tipo particularmente hermoso, muy raro de ver, de sonrisa quieta, contenta, aprobatoria, que puede hacer plenamente feliz a aquel a quien se la diriges. No puedo recordar que durante mi niñez me haya sido expresamente dirigida, pero sin duda ha debido suceder, pues por qué habrías de negármela entonces cuando aún te parecía inocente, cuando era tu gran esperanza. Por lo demás, estas impresiones amables a la larga, tampoco han conseguido otra cosa que aumentar mi sentimiento de culpa, haciéndome el mundo más incomprensible aún.

Si quería afirmarme un poco ante ti, más me valía aferrarme a lo real y perdurable y, en parte, también como una forma de venganza, comencé pronto a observar, a coleccionar, a exagerar pequeñas ridiculeces que notaba en ti. Así, cómo te dejabas engañar fácilmente por gente que en apariencia ocupaba posiciones más elevadas que la tuya y cómo no te cansabas de contar lo sucedido con algún consejero imperial o cosa por el estilo (por otra parte, aun así, también me dolía el que tú, mi padre, creyeras necesitar confirmaciones innecesarias de tu valor, ufanándote de ellas). O bien observaba tu predilección por modismos groseros, y los que pronunciabas con la voz más fuerte posible y de los que te reías como si hubieses dicho algo particularmente agudo, mientras que no se trataba sino de alguna grosería plana y pueril (a la vez se trataba también, por cierto, de una manifestación de tu fuerza vital que me avergonzaba). Naturalmente, hubo cantidad de observaciones distintas; me sentía feliz al encontrarlas, me daban ocasión para murmuraciones y bromas; tú a veces lo notabas y te enojabas, te parecía maldad, falta de respeto. Pero créeme, eso no era para mí otra cosa que un medio, por otra parte inútil, de autoconservación; eran bromas como suelen difundirse sobre los dioses y los reyes, bromas que no sólo pueden asociarse al más profundo respeto, sino que hasta forman parte del mismo.

También tú, por otra parte, de acuerdo con tu situación semejante a la mía, has intentado una especie de contraataque. Solías señalarme cuán exageradamente buena era mi vida y qué bien se me había tratado en verdad. Esto es cierto, pero no creo que, dadas las circunstancias irremediablemente existentes, me haya servido de mucho.

Es verdad que mi madre tuvo una bondad sin límites conmigo; pero todo esto, a mi parecer, era en relación contigo y, por tanto, no era una buena relación. Mi madre, inconscientemente, desempeñaba el papel de un batidor durante la caza. Si bien en alguna extraña ocasión, la educación que me diste hubiese podido ponerme en mi lugar provocando en mí terquedad, aversión o aun odio, mi madre lo equilibraba con su bondad, con su palabra sensata (en la confusión de la infancia, ella fue la imagen misma de la sensatez), mediante su intercesión. Y nuevamente me veía impulsado hacia tu círculo, del cual de otra manera tal vez me hubiese fugado, para ventaja tuya y mía. O bien, las cosas se presentaban de tal forma que no se producía una verdadera reconciliación, que mi madre sólo me protegía en secreto de ti, que en secreto me daba algo, me dejaba hacer algo. Y entonces volvía yo a ser el que huía de la luz, el estafador, consciente de su culpa, el cual, debido a su insignificancia, tan sólo por rutas tortuosas podía llegar a obtener aquello a lo que creía tener derecho. Naturalmente, después me acostumbré a buscar por esas rutas también lo que yo mismo creía no merecer. Esto nuevamente implicaba un aumento de mi sentimiento de culpa.

También es cierto que apenas alguna vez me has golpeado realmente. Pero ese grito, ese enrojecimiento de tu rostro, ese desabrocharse rápidamente los tirantes que quedaban colgados del respaldo de la silla; todo eso era casi más insoportable. Es como cuando uno va a ser ahorcado. Si realmente lo ahorcan, se muere y se acabó. Pero si tiene que vivir todos los preparativos para su ajusticiamiento y sólo cuando el lazo ya cuelga ante sus ojos se entera de su indulto, puede quedar afectado para toda su vida. Por lo demás, de tantas ocasiones en que según tú demostraste claramente que merecía yo una tunda de la que apenas me salvaba gracias a tu perdón, se acumulaba, otra vez, un gran sentimiento de culpa. Desde todos los ángulos resultaba yo culpable ante ti.

Siempre me reprochabas (a solas o delante de otros, tú no concebías lo humillante de esto último, los asuntos de tus hijos fueron siempre asuntos públicos) que gracias a tu trabajo yo vivía sin privación alguna, gozando de paz, calor y abundancia. Recuerdo al respecto observaciones que han de haber trazado verdaderos surcos en mi cerebro, tales como «A los siete años tenía yo que atravesar las aldeas con el carretón», o «Teníamos que dormir todos en un solo cuarto», o «Nos sentíamos felices cuando teníamos patatas». «Durante años tenía llagas abiertas en las piernas, debido al insuficiente abrigo de invierno». «Ya de pequeño debía ir yo a Pisek[11] a trabajar en el negocio». «De casa no recibía nada, ni siquiera durante el servicio militar; por el contrario, tenía que mandarles dinero», o bien «Pero a pesar de todo, a pesar de todo, el padre era para mí siempre el padre. ¡Quién entiende eso hoy en día! ¡Qué saben los jóvenes! ¡Esto nadie lo ha padecido! ¿Entiende esto un hijo actualmente?». En otras circunstancias, tales relatos hubieran podido ser un excelente recurso educativo. Hubiesen estimulado y reforzado la capacidad de soportar las mismas penas y privaciones que tuvo que sufrir el padre. Pero eso no lo querías de ninguna forma. Gracias al resultado de tus esfuerzos, justamente, la situación había cambiado, y ya no era posible destacarse como tú lo habías hecho. Una oportunidad semejante se hubiera debido crear primero mediante la violencia y la revuelta; hubiera sido necesario que me fuera de casa (en el supuesto caso de que uno hubiese tenido para ello decisión y fuerza suficiente y que la madre, por su parte, no las contrarrestara con otros medios). Pero tú

---

11 En Pisek, pueblo a unos 10 kilómetros de Praga, vivían los familiares del padre de Franz *[N. del Ed.]*.

no querías eso de ninguna forma, lo llamabas ingratitud, extravagancia, desobediencia, traición, locura. Mientras que, por lo tanto, por un lado, tentabas a hacerlo mediante el ejemplo, el relato y la humillación, por el otro, lo prohibías del modo más vigoroso. Si así no fuese, habrías tenido que mostrarte realmente encantado –obstáculos secundarios aparte– de la aventura de Ottla en Zürau. Ella quiso ir a la región de donde tú habías venido, quiso tener trabajo y pasar privaciones como tú, no quiso disfrutar de los éxitos de tu trabajo, tal como también tú habías sido independiente de tu padre. ¿Fueron intenciones tan terribles? ¿Tan lejanas de tu ejemplo y enseñanza? Es verdad, las intenciones de Ottla fracasaron finalmente, fueron ejecutadas quizá de forma algo irrisoria, con demasiado escándalo y no ha tomado demasiado en consideración a sus padres. Pero ¿tuvo ella exclusivamente la culpa? ¿No la tuvieron también las circunstancias y antes que nada el hecho de que tú fueras ya a tal punto un extraño para ella? ¿Acaso (cosa de la que más tarde querías convencerte) se te había hecho menos extraña en el negocio, que luego en Zürau? ¿Y no habías tenido, seguramente, el poder (en el supuesto caso de que hubieses podido acostumbrarte a ello) de convertir en algo muy positivo esa aventura mediante el estímulo, el consejo, el cuidado y quizás hasta sólo con tolerancia?

Después de tales experiencias solías decir, amargamente, que nos iba demasiado bien. Pero en cierto sentido esa apreciación era correcta. Lo que tú tuviste que lograr mediante tu esfuerzo, nosotros lo recibíamos de tu mano; pero la lucha por la vida independiente, que a ti te fue accesible de modo inmediato, y que desde luego nosotros tampoco podemos eludir, esa lucha tenemos que librarla tardíamente, con fuerzas infantiles, cuando ya somos adultos. No digo que con eso nuestra situación sea categóricamente más favorable de lo que fue la tuya entonces. Es más bien probable que sean equivalentes (sin comparar por cierto las predisposiciones básicas) y nuestra desventaja radica en que nosotros no podemos vanagloriarnos de nuestras miserias, ni podemos humillar a nadie con ellas, tal como lo has hecho con las tuyas. No niego tampoco que me hubiera sido posible disfrutar debidamente de los frutos de tu gran labor exitosa, que hubiera podido utilizarlos adecuadamente y seguir trabajando para tu gran alegría, pero a ello se oponía nuestro distanciamiento. Yo podía disfrutar lo que recibía, pero sólo acompañado con vergüenza, cansancio, debilidad y sentimiento de culpa. Por eso sólo pude agradecértelo todo como un mendigo, y no con hechos.

El posterior resultado más inmediatamente aparente de toda mi educación fue que yo huyera de todo lo que me recordase a ti aun de lejos. Primero, del negocio. Ese negocio de por sí (y especialmente durante mi niñez, mientras era un negocio que daba a la calle) hubiera debido alegrarme mucho: era tan animado, iluminado por la noche, se veía y se oían allí muchas cosas, a veces podía uno dar la mano, destacar; pero antes que nada podía uno admirarte, en medio de tu extraordinario talento comercial: cómo vendías, cómo tratabas a la gente y hacías bromas, qué infatigable eras, cómo conocías de inmediato la respuesta en casos de dudas, etc.; hasta la manera en que hacías los paquetes o abrías un cajón era un espectáculo digno de verse y todo el conjunto constituía sin duda una enseñanza nada desdeñable. Pero como poco a poco me dabas miedo en todos los sentidos y el negocio se confundía contigo, ya ni en ese lugar me sentía cómodo. Cosas que en un principio me habían parecido naturales allí, llegaron a torturarme y avergonzarme, sobre todo el trato que dabas al personal. No sé si también en la mayoría de los comercios las cosas eran así (en Assicurazioni Generali[12], por ejemplo, el trato era realmente parecido, en mi época; así lo declaró el director, aunque no era completamente cierto, pero tampoco era mentira del todo, que mi renuncia se debía a que no soportaba los insultos, que por otra parte no estaban dirigidos en absoluto a mí particularmente; yo había quedado dolorosamente sensible a este respecto por lo que sucedía en casa), pero en mi infancia no tenía ningún interés en los demás comercios.

---

[12] Franz trabajó entre 1907 y 1908 en esta compañía como empleado temporal durante algo más de seis meses *[N. del Ed.]*.

A ti, en cambio, te veía y oía gritar, blasfemar y bramar en el negocio, tal como yo creía entonces que no sucedía en el mundo entero. Y no sólo se trataba de insultos, sino también de otras tiranías. Tales como arrojar de un manotazo del mostrador mercancías que no aceptabas haber confundido con otras –sólo la irreflexibilidad de tu ira podría disculparte ligeramente– y el empleado tenía que levantarla. O la frase que siempre repetías refiriéndote a un empleado tísico: «¡Qué reviente ese perro enfermo!». A los empleados los llamabas «enemigos pagados»; lo eran, por cierto, pero aun antes de haber llegado a serlo, tú me parecías su «enemigo pagador». Allí recibí la gran lección de que podías ser injusto; en mí mismo no lo habría notado tan pronto, para eso se me había acumulado ya demasiado sentimiento de culpa que te daba la razón. Pero allí –según mi opinión infantil corregida más tarde un poco, aunque no demasiado– se trataba de gente desconocida que en verdad trabajaba para nosotros y en cambio vivía presa de un miedo constante ante ti. Claro que exageraba, puesto que suponía que hacías a la gente cosas que los impresionaban de manera tan terrible como a mí. Si hubiera sido cierto, ellos en realidad no habrían podido vivir, pero como eran personas adultas y no muy nerviosas en general, se deshacían con facilidad de los insultos que por último te hacían más daño a ti que a ellos. A mí, en cambio, me hacían el negocio inaguantable, me acordaba demasiado de mi relación contigo. Aun sin tener en consideración tu interés como patrón y sin tomar en cuenta tu ambición de dominio, tú eras, incluso como comerciante, tan superior a todos los que alguna vez habían recibido tu enseñanza, que ninguno de sus logros podía satisfacerte; de un modo semejante tenías que estar eternamente insatisfecho conmigo. Por lo tanto, yo pertenecía necesariamente al bando del personal, sobre todo por el hecho de no entender en mi desasosiego cómo se podía insultar así a un desconocido y, por lo tanto, quería de alguna manera reconciliar ese personal, que yo creía terriblemente irritado, contigo, con nuestra familia, aunque fuera por mi propia seguridad. Para ello ya no era suficiente una conducta común, decente, frente al personal, ni siquiera ya una conducta humilde; más aún debía mostrarme sumiso, no sólo saludándolos primero, sino aun evitar, si era posible, la respuesta al saludo. Y si yo, una persona insignificante, les hubiera lamido los pies desde abajo, eso no habría sido todavía ninguna compensación contra la forma en que tú, el amo, los pisoteabas desde lo alto. Esta relación que entablaba de tal modo con mis semejantes ejerció su influjo en mi futuro más allá del negocio (algo parecido, pero no tan peligroso ni de tan profundas consecuencias como en mi caso, ocurre también con la predilección de Ottla por el trato con gente pobre, sus reuniones con las sirvientas que tanto te desagradaban y otras cosas parecidas). Finalmente, casi llegué a tenerle miedo al negocio y, en cualquier caso, ya no era asunto mío incluso antes de ingresar en el Gimnasio[13], por lo que me involucré más en este. Además, me parecía que excedía por completo mis capacidades, puesto que, como tú afirmabas, ese negocio acababa hasta con la tuya. Entonces (lo que para mí es hoy motivo de emoción y vergüenza) de mi aversión contra el negocio, contra tu obra, que sin duda te resultaba dolorosa, intentabas extraer alguna dulzura para ti y afirmabas que yo no tenía ningún sentido comercial, que tenía ideas más elevadas, y cosas por el estilo. Mi madre se alegraba con esa declaración que te arrancabas y también yo, en mi vanidad y miseria, me dejé influir por ella. Pero si realmente hubiesen sido las «ideas más elevadas» las que me apartaban del negocio (al que ahora, pero sólo ahora, odio sincera y realmente), debieran haberse manifestado de otra forma, y no dejándome navegar tranquilo y medroso a través del Gimnasio y los estudios de Derecho hasta arribar finalmente a mi escritorio de empleado.

Si quería huir de ti, tenía que huir también de la familia, incluso de madre. Es verdad que ella siempre me brindaba su protección, pero sólo de acuerdo contigo. Te amaba demasiado, era demasiada su fidelidad, como para que en la lucha del niño ella pudie-

---

[13] Escuela secundaria *[N. del T.]*.

se constituir de forma duradera una fuerza espiritual independiente. Reconocerlo fue un acertado instinto infantil, ya que a través de los años madre se ligó a ti de modo cada vez más estrecho; y mientras que siempre, en cuanto a ella misma se refería, mantuvo su independencia dentro de los límites más modestos, digna y suavemente y sin disgustarse jamás en el fondo, con el transcurso de los años y de manera cada vez más completa, más ciega y con el sentimiento más que con la razón, adoptó tus juicios y condenas respecto de los hijos, sobre todo en el serio problema de Ottla. Es necesario mantener siempre el recuerdo de la situación, ciertamente martirizante y agotadora, de madre en la familia. Ella se esforzó en el negocio y como ama de casa; compartió doblemente todas las enfermedades de la familia; pero la corona de todo esto fue su mediación entre nosotros y tú. Siempre fuiste cariñoso y considerado con ella, pero en este sentido has tenido tan poco cuidado por ella como nosotros. Sin ninguna consideración descargábamos sobre ella nuestros martillazos, tú por tu lado, nosotros por el nuestro. No nos dábamos cuenta de la maldad de nuestra desviación, en la lucha que librabas tú con nosotros, que librábamos nosotros contigo y nos serenábamos descargándolo todo con madre. Tampoco era ningún buen aporte a la educación de los hijos la manera en que –sin ninguna culpa de tu parte, desde luego– la martirizabas por nuestra causa. Eso hasta justificaba aparentemente nuestra conducta frente a ella, una conducta que de otra forma no tenía justificación. Cuánto le hemos hecho sufrir nosotros por tu causa y cuánto la has hecho sufrir tú por la nuestra, sin contar del todo aquellos casos en que tenías razón porque ella nos malcriaba, aun cuando ese mismo «malcriar» ha de haber sido muchas veces una reacción manifiesta y silenciosa contra tu sistema. Naturalmente mi madre no habría podido aguantar todo esto si no hubiera extraído la fuerza para ello del amor hacia todos nosotros y de la felicidad de ese amor.

Mis hermanas sólo me acompañaban parcialmente. La más feliz en su posición hacia ti fue Valli. Como era la más cercana a madre, se te sometía de una forma similar, sin gran esfuerzo y sin problemas. Pero tú la acogías, justamente porque te recordaba a madre, con más amabilidad, pese a que en ella había poco material de los Kafka. Pero quizá justamente eso te agradaba: donde no había nada de los Kafka, no podías exigir algo de ese tipo; tampoco tenías la sensación como en el caso del resto de nosotros, de que se perdía algo en ella, algo que había que salvar aun violentamente. Por otra, puede ser que jamás hayas amado especialmente lo típico de los Kafka cuando se manifestaba en mujeres. La relación de Valli contigo habría podido ser quizá más amistosa, aun si los demás no la hubiéramos arruinado un poco.

Elli es el único ejemplo de éxito casi completo de una evasión de tu círculo. De ella es de quien menos lo hubiera esperado al considerar su infancia, debido a que era una niña torpe, cansada, medrosa, fastidiosa, con sentimiento de culpa, excesivamente sumisa, maliciosa, perezosa, golosa y avara. Yo apenas podía mirarla, y de ninguna forma dirigirle la palabra; a tal punto me recordaba mi propia imagen, tan semejante era el conjunto de la educación bajo el cual estaba. Particularmente me repelía su avaricia, puesto que en mí la sentía más fuerte aún, si eso era posible. La avaricia es sin duda una de las señales más auténticas de una profunda pena; tan inseguro me sentía frente a todas las cosas que, de hecho, sólo poseía lo que ya tenía en las manos o en la boca, o lo que por lo menos estaba en camino hacia ellas y precisamente eso, ella, que se hallaba en semejante situación, me lo arrebataba con mayor placer. Pero todo esto cambió cuando ella era aún joven –esto es lo más importante del hecho– y se fue de casa, se casó, tuvo hijos; se volvió alegre, despreocupada, valiente, generosa, desinteresada y llena de esperanza. Es difícil de creer que en realidad no hayas notado para nada ese cambio, que no lo hayas apreciado, de todas formas, como lo merece. A tal punto estás ciego de ira desde siempre por el rencor que guardabas contra Elli y que en el fondo sigues guardando, sólo que ese rencor se ha vuelto ahora mucho menos relevante, ya que Elli no vive con nosotros y, por otro lado, el amor por Felix y la simpatía que sientes por Karl le quitaron importancia. Pero Gerti[14], a veces, debe sufrir aún esa ira.

Apenas me atrevo a escribir acerca de Ottla; sé que con ello pongo en juego todo el efecto esperado de esta carta. En circunstancias normales, esto es, cuando no pasa por ningún peligro especial, ni se halla en la miseria, tú sientes tan sólo odio por ella; me has confesado que, según tu opinión, ella te causa penas y disgustos, siempre y a propósito; mientras que padeces por su causa, ella se siente satisfecha y se alegra. Por lo tanto, es una especie de diablo. Qué distanciamiento enorme, más grande aún que entre nosotros dos, se debe haber producido entre tú y ella para que os desconozcáis hasta el punto en que lo hacéis. Ella está tan lejos de ti que ya apenas la ves, y en el lugar que la supones colocas un espectro. Admito que su caso haya sido particularmente difícil para ti. Es cierto que yo no abarco del todo ese caso tan complicado, pero de todos modos en ella había algo como una especie de Löwy, equipada con las mejores armas de los Kafka. Entre nosotros no hubo realmente ninguna lucha; yo de inmediato estuve liquidado; lo que quedó era huida, amargura, tristeza, lucha interna. Vosotros dos, en cambio, estabais siempre dispuestos a la lucha, siempre frescos en posesión de vuestras fuerzas. Un espectáculo tan magnífico como desola-

[14] Gerti Hermann era la sobrina de Franz, hija de Elli y Karl Hermann *[N. del Ed.]*.

dor. En un primer momento os encontrabais muy cerca el uno del otro, pues aún hoy, de nosotros cuatro es quizá Ottla la representación más pura del matrimonio entre tú y madre y de las fuerzas allí reunidas. Yo no sé qué os ha quitado la dicha de la concordia entre padre e hija, aunque me inclino a creer que el desarrollo fue similar al de mi caso. Por tu parte, está la tiranía de tu idiosincrasia; por la de ella, la obstinación de los Löwy, la susceptibilidad, el sentimiento de la justicia, la inquietud y todo esto, apoyado por la sensación de la fuerza de los Kafka. Indudablemente también yo he influido en ella, pero apenas si ha sido a propósito; más bien fue el mero ejemplo de mi existencia. Por otra parte, ella fue la última en llegar a un medio de relaciones de fuerzas ya dadas y pudo formar su juicio utilizando el copioso material que le habíamos preparado. Hasta puedo concebir que en su espíritu ha vacilado durante un tiempo sobre si debía arrojarse en tus brazos o en los de tus adversarios; evidentemente desperdiciaste ese momento y la rechazaste, pero vosotros dos, si hubiese sido posible, hubierais llegado a formar una pareja magnífica en vuestra armonía. Yo con ello ciertamente habría perdido un aliado, pero vuestro espectáculo me hubiera recompensado con creces y, además, la dicha incalculable de encontrar satisfacción plena al menos en uno de tus hijos te habría predispuesto en mucho a mi favor. Cierto que todo esto hoy es solamente un sueño, Ottla no tiene ningún nexo contigo. Ella ha de encontrar sola su camino, como yo, y ese poco más de esperanza, de confianza en ella misma, de salud, de inescrupulosidad que posee, al compararla conmigo, la hace a tus ojos más malvada y traidora de lo que soy yo. La entiendo; en cambio, desde tu punto de vista no puedes apreciarla de otra forma. Es más, aun ella misma es capaz de verse con tus ojos, de compartir tu pena, sin desesperarse por ello –la desesperación me toca a mí–. Pero es verdad que a mis palabras las contradice el hecho de que frecuentemente nos veas juntos cuchicheando, riendo de vez en cuando, mientras escuchas que te mencionamos. Entonces tienes la impresión de que somos insolentes conspiradores. Extraños conspiradores. Tú, por cierto, eres el tema central de nuestra conversación como asimismo de nuestro pensamiento, desde siempre; pero verdaderamente no nos juntamos con el fin de urdir algo en tu contra, sino para tratar a la vez con todo nuestro esfuerzo, con bromas, con seriedad, con amor, terquedad, ira, aversión, sumisión, sentimiento de culpa, con todas las fuerzas de la mente y del corazón, ese proceso terrible que flota entre nosotros y tú, en todos sus detalles, en todos sus aspectos, en toda oportunidad, visto de cerca y de lejos; ese proceso en el cual tú insistes siempre en ser juez, mientras que, por lo menos casi siempre (dejo aquí abierta la puerta a todos los errores que desde luego puedo cometer), eres únicamente parte, tan débil y ciega como nosotros.

Un ejemplo instructivo –dentro del contexto general– de tu efecto educativo fue Irma[15]. Por un lado, ella era en verdad una desconocida, era una adulta cuando llegó a tu negocio, tenía que ver contigo primordialmente como patrón, estaba por lo tanto sólo en parte expuesta a tu influencia, y eso sucedía a una edad en que era capaz de resistir. Pero, por otro lado, también era una pariente consanguínea, que estimaba y admiraba en ti al hermano de su padre y tenías sobre ella un poder mucho mayor que el de un patrón. Y aun así ella, pese a su cuerpo débil, tan capaz, inteligente, aplicada, modesta, digna de confianza, desinteresada y leal, que te amaba como tío y te admiraba como jefe, que se profesionalizó en otros puestos antes y después, no fue una empleada de tu agrado. Es que ella, naturalmente también reforzada por nosotros, había tomado ante ti una posición cercana a la de una hija, y tan grande era todavía frente a ella la fuerza desviante de tu carácter, que llegó a mostrar (por cierto, sólo frente a ti y esperemos que sin daño mayor para ella) pérdida de la memoria, descuido, humor irónico, quizás hasta un poco de terquedad, en la medida en que le fue posible hacerlo. Y esto sin tener en cuenta que era enfermiza, no muy feliz tampoco en otros aspectos y que llevaba la carga de un hogar desolado. Todo lo que significa para mí tu relación con

---

[15] Irma Kafka era prima de Franz, hija de Ludwig Kafka. Falleció en 1919, año en el que Franz redactó esta carta *[N. del Ed.]*.

ella, tú lo has sintetizado en una frase que llegó a ser clásica para nosotros, que es casi sacrílega, pero justamente muy demostrativa de la inocencia que muestras en tu trato con la gente: «La difunta me ha legado suficiente porquería».

Podría describir otros círculos más de tu influjo y de lucha contra él, pero ya pisaría terreno inseguro y tendría que imaginar; agreguemos que cuanto más te alejas del negocio y la familia, más amable te vuelves siempre, más tolerante, más cortés, más considerado, más compasivo (quiero decir, también aparentemente), igual que, por ejemplo, un autócrata, ya que se encuentra fuera de las fronteras de su país, no tiene causa alguna para seguir siendo tiránico y puede volverse bondadoso incluso con la gente más baja. En efecto, en los retratos del grupo de Franzensbad, por ejemplo, se te veía siempre tan alegre y erguido entre esa gente menuda y disgustada, como a un rey que está de viaje. Cierto es también que los hijos podrían haber sacado provecho de ello, sólo que esto es imposible, pues hubieran tenido que ser capaces de reconocerlo ya de niños, y yo por ejemplo no debí haber estado viviendo, por decirlo así, en lo más interno de aquel círculo estrecho y oprimente de tu influjo, como lo he hecho en realidad.

De esta forma, no sólo he perdido, como afirmas, el sentido de la familia, sino que, más bien, he conservado ese sentido de familia, claro que sobre todo en su parte negativa, destinada a la ruptura (que lógicamente jamás llegaría a su término) contigo. Pero las relaciones con los hombres fuera de la familia se perjudicaban, si esto era posible, más aún por tu influjo. Estás en un gran error si piensas que para los demás hombres lo hago todo por amor y lealtad, y nada para ti y la familia que no sea por frialdad y traición. Lo repito por décima vez: sin duda habría llegado a ser de todas maneras un hombre retraído, medroso, pero de allí a donde realmente he llegado aún hay un oscuro y largo trecho. (Relativamente poco es lo que hasta este momento he callado adrede en esta carta, pero ahora y más adelante tendré que omitir algunas cosas, todavía muy difíciles de confesar para ti y para mí. Digo esto para que no creas, si la imagen total se hace poco nítida alguna vez, que así sucede por falta de pruebas; más bien existen muchas que podrían hacer esa imagen insoportablemente nítida y dura. No es sencillo encontrar al respecto un término medio). Bastará recordar por otra parte algunos antecedentes: yo había perdido ante ti la confianza en mí mismo, trocándola por un ilimitado sentimiento de culpa. (Recordando esta falta de límites, escribí cierta vez de alguien, acertadamente, que «teme que la vergüenza aún le sobreviva»). Yo no podía transformarme repentinamente cuando me reunía con otras personas; más bien, caía delante de ellos en un sentimiento de culpa más profundo aún, puesto que tenía que restaurarles, como ya lo dije, aquello que tú, con mi corresponsabilidad les causabas en la tienda. Además, tú siempre tenías objeciones abiertamente o en secreto, contra cualquiera con quien yo me relacionara, y yo tenía que disculparme también por eso. La desconfianza que en el negocio y la familia tratabas de inculcarme contra la mayor parte de los hombres (nómbrame una sola persona que en mi infancia significara de algún modo algo para mí a quien no hubieses liquidado completamente, una vez al menos, con tu crítica), esa desconfianza que para ti curiosamente ni siquiera significaba un peso especial (es que tú eras lo bastante fuerte como para soportarla y, por otra parte, quizá no fuese en realidad otra cosa que un emblema de soberano), esa desconfianza que a mis propios ojos de niño no obtenía confirmación en ninguna parte, puesto que por todas partes sólo veía personas incansablemente excelentes, se tornó en mi fuero interno en una desconfianza hacia mí mismo y en una continua angustia ante todo lo demás. Es indudable, pues, que de ese modo no pude, en general, salvarme de ti. Tu error consistía quizá en no estar realmente enterado de mis verdaderas relaciones con la gente y en que desconfiado y celoso (¿acaso niego con esto que me quieres?) creías que suplía en otro lugar mi deficiente vida familiar, y esto ante la imposibilidad de que viviera afuera de la misma forma. Por lo demás, obtenía en este sentido cierto consuelo de mi desconfianza acerca de mi juicio, precisamente durante mi infancia. Me decía: «Tú exageras ciertamente, sientes en exceso, como suele sentirlas siempre la juventud, las pequeñeces como grandes excepciones». Pero ese consuelo casi ha desaparecido más tarde, con el desarrollo de mi visión del mundo.

Tampoco me salvó de ti el judaísmo. De por sí en ese terreno la salvación hubiera sido concebible, pero aún hubiera sido más imaginable que ambos nos encontrásemos en el judaísmo, o que, más aún, a partir de él lográramos un acuerdo. Pero ¡qué tipo de judaísmo me diste! A lo largo de los años lo he visto desde más o menos tres puntos diferentes.

Como niño, en coincidencia contigo, me recriminaba yo mismo el que no frecuentara bastante el templo, el que no ayunara, etc. No creía cometer con ello una injusticia para conmigo, sino para contigo, y el sentimiento de culpa, siempre alerta, me atravesaba.

Más adelante, como adolescente, no entendía cómo podías reprocharme, con tu nada de judaísmo, el que yo (aunque fuera por «piedad», como solías decir) no me esforzara por lograr una nada semejante. Era realmente para lo limitado de mi visión, una nada, una broma, ni siquiera una broma. Cuatro días al año ibas por el templo, allí te encontrabas más cerca de los indiferentes que de aquellos que se tomaban el asunto en serio. Despachabas pacientemente las oraciones como una formalidad, a veces me sorprendías al poder señalar en el devocionario el lugar exacto donde se estaba recitando, y, por otra parte, con tal de que estuviera en el templo (esto era lo principal), yo podía escurrirme donde me viniera en gana.

Me pasaba pues allí cantidad de horas bostezando y soñando como tonto (nunca me he aburrido tanto después, creo, a no ser en la academia de baile). Trataba de divertirme en lo posible con las contadas y ligeras variaciones que había, cuando por ejemplo se abría el Arca de la Alianza[16], lo cual siempre me recordaba los puestos de tiro al blanco de las ferias, donde también, si acertaba uno, se abría la puerta de una caja; sólo que allí surgía cada vez algo interesante, y aquí únicamente, y siempre repetidos, esos muñecos viejos sin cabeza. Por otra parte, también tenía mucho miedo allí, no únicamente, como es lógico, ante la multitud de personas con las que entraba uno en contacto, sino porque en alguna ocasión, como de paso, habías mencionado que también yo podía ser llamado a presentarme ante la Torá. He temblado durante años de sólo pensar en ello. Por lo demás, nada impedía que me aburriera, a no ser la ceremonia del bar mitzvá[17], que exigía, sin embargo, un aprendizaje de memoria, ridículo, que no conducía,

---

[16] Objeto de culto que simboliza la alianza de dios con el pueblo judío. Generalmente es un santuario de madera en el que se guarda la Torá y desde el que se leen los servicios judíos *[N. del Ed.]*.

[17] El bar mitzvá es un rito judío que supone el paso a la edad adulta de los jóvenes y por el que adquieren responsabilidad plena de sus actos *[N. del Ed.]*.

por lo tanto, sino a un examen igualmente ridículo. O bien, en lo que a ti concierne, sólo pequeños sucesos que carecían de importancia, por ejemplo cuando te llamaban a presentarte ante la Torá y tú salías airoso de ese acontecimiento, puramente social en mi opinión; o cuando, durante la solemne conmemoración de los difuntos, tú te quedabas en el templo mientras que a mí me sacaban, lo cual durante mucho tiempo –evidentemente a causa del hecho de que me sacaran y porque yo no tenía una profunda participación– me producía la sensación apenas consciente de que allí se trataba de algo indecente... Así acontecían las cosas en el templo; en casa todo esto fue más mísero si eso es posible; se limitaba a celebrar la primera noche del séder[18], que se convertía cada vez más en una comedia con ataques de risa, bajo el influjo de los hijos que crecían. (¿Por qué tuviste que ceder a este influjo? Porque tú lo habías provocado). Tal era, pues, el material de fe que me fue trasmitido; a lo sumo se añadía todavía la mano extendida señalando a «los hijos del millonario Fuchs» que en las grandes festividades acompañaban a su padre en el templo. Qué otra cosa podía hacer con semejante legado, sino deshacerme de él cuanto antes, aunque no lo comprendía; precisamente al desatar tú los lazos

---

18 El séder de Pésaj es un importante ritual que consiste en un banquete familiar para conmemorar la historia de la liberación del pueblo judío de la esclavitud de Egipto *[N. del Ed.]*.

que me unían a él, ese deshacerse me pareció lo más piadoso.

Sin embargo, aún después, veía yo las cosas de un modo diferente, y llegó a resultarme comprensible tu creencia de que también te traicionaba con malicia en esto. Tú realmente habías traído un poco de judaísmo de esa pequeña comunidad aldeana semejante a un gueto; no era mucho y hasta se había perdido un poco en la ciudad y con el servicio militar. Sin embargo, las impresiones y recuerdos de la juventud eran aún suficientes para un tipo de vida judía, sobre todo porque no necesitabas el auxilio de esa clase, ya que tu tronco era muy fuerte y por tu parte apenas podías conmoverte sensiblemente por escrúpulos sociales. En el fondo, la fe que guiaba tu vida consistía en el hecho de que tú creías en la incondicional certeza de las opiniones de determinada clase social judía y, por lo tanto, puesto que esas opiniones en esencia te pertenecían, te creías a ti mismo. Aun en eso había todavía rastros judaicos, pero para continuar trasmitiéndoselo al hijo era demasiado poco, y sus gotas se diluían completamente mientras las transmitías. En parte, se trataba de impresiones juveniles intransmisibles y, en parte, intervenía en ello tu tan temido carácter. Además, era imposible hacer comprender a un niño, cuyo sentido de observación se había agudizado de manera extraordinaria a causa de tantos temores, que esas cuantas nimiedades, que tú ejecutabas en nombre del judaísmo con una indiferencia que correspondía a su poca importancia, pudieran tener algún sentido más elevado. Tenían sentido para ti como pequeños recuerdos de tiempos pasados y por eso querías transmitírmelas, pero sólo podías hacerlo, puesto que tampoco para ti ya tenían valor propio alguno, al insistir en la amenaza. Esto, por un lado, no pudo tener éxito y, por otro, llegó a provocar tu ira contra mí a causa de mi aparente capricho, ya que en ese caso no reconocías para nada lo débil de tu posición.

Todo esto no constituye por cierto un acontecimiento aislado; cosas semejantes sucedían a gran parte de esa generación judía de transición todavía relativamente devota que emigrara desde el campo hacia las ciudades; era una consecuencia lógica. Sólo que, en el caso de nuestra relación, que ciertamente no carecía de asperezas, aumentaba otra aún, bastante dolorosa. Por esto, aunque también en ese aspecto has de creer tanto como yo en que no tienes culpa alguna, deberías explicarte, sin embargo, esa inocencia por tu carácter y por las circunstancias de la época, y no únicamente por las contingencias aparentes y afirmar que tenías demasiadas ocupaciones y preocupaciones como para dedicarte también a esas cosas. De este modo te las ingenias a veces para hacer de tu evidente inocencia un reproche injusto contra otros. Tal cosa puede rebatirse muy fácilmente no sólo en este caso, sino siempre. Pues no se habría tratado en realidad de ninguna lección que hubieras debido proporcionar a tus hijos, sino de una vida ejemplar. Si tu judaísmo hubiese resultado más fuerte, también tu ejemplo habría sido más coercitivo; esto se sobreentiende y, repito, no se trata de reprocharte, sino sólo de rechazar tus reproches. Hace poco leíste las memorias de juventud de Franklin[19]. Es verdad que con toda intención te las di para que las leyeras, pero no, como irónicamente llegaste a observar debido a un pequeño párrafo sobre el vegetarianismo, sino a causa de la relación entre el autor y su hijo, tal como se manifiesta en estas memorias dedicadas al hijo. No quiero mencionar ningún detalle al respecto.

Después me fue confirmada mi opinión sobre tu judaísmo a partir de tu conducta de los últimos años, desde que te pareció que yo me ocupaba más de las cosas judías. Puesto que de antemano sientes aversión contra todas mis ocupaciones y, en particular, contra mi interés en algo, también la has sentido en este caso. Sin embargo, y sobre toda esta situación, habría podido esperarse aun así que, en este caso, harías una pequeña excepción –pues de lo que allí se trataba era ciertamente del judaísmo, que formaba parte de tu propio judaísmo–, haciendo además posible el hecho de reanudar nuestras relaciones. No niego que estas cosas, si hubieras mostrado interés por ellas, habrían llegado a serme sospechosas, precisamente por eso.

---

19 Se trata de las memorias de Benjamin Franklin, uno de los padres fundadores de Estados Unidos *[N. del Ed.]*.

Pues no se me ocurre, para nada, la pretensión de decir que en ese sentido soy de alguna forma mejor que tú. Pero tampoco se produjo ni esa prueba. A través de mí, el judaísmo se tornó abominable para ti e ilegibles por el asco los escritos judaicos. Eso podría significar que tú insistías en que precisamente el judaísmo tal como me lo habías enseñado durante mi niñez era el único verdadero y que no podía haber ninguno más allá. Pero que te obstinaras en ello apenas era concebible. Pues entonces ese «asco» (aun sin tener en cuenta que de momento no se refería al judaísmo, sino a mi persona) sólo podía significar que inconscientemente reconocías la fragilidad de tu judaísmo y de mi educación judaica; que de ninguna manera deseabas que se te recordara y que tu respuesta a todo recuerdo en este sentido era de franco odio. Por otra parte, tu total falta de estima por mi nuevo judaísmo era muy exagerada, ya que, en primer lugar, ese judaísmo llevaba en su seno tu maldición y, en segundo lugar, para su desarrollo era decisiva la relación constante con el prójimo, por lo que en mi caso era mortal.

Más acertada fue tu antipatía contra el hecho de que yo escribiera y contra todo lo que era desconocido para ti y se relacionaba con ello. Gracias a esta actividad realmente me había logrado apartar por mí mismo de ti en buena medida, aunque el caso evoque un poco al gusano que, aplastado por un pie en su parte posterior, libera su parte delantera arrastrándose hacia un costado. En cierta manera estaba a salvo, tomaba un respiro; la aversión que por supuesto has experimentado también inmediatamente contra mi literatura me resultaba excepcionalmente grata. Ciertamente mi vanidad y mi amor propio padecían ante el saludo, ya conocido entre nosotros, con que solías recibir mis libros: «¡Ponlo sobre la mesita de la lámpara!» (casi siempre estabas jugando a las cartas cuando te llegaba un libro mío). Pero en el fondo eso era un placer, no sólo por mi maldad que clamaba por satisfacerse, no sólo por el placer que esa nueva confirmación de mi concepto acerca de nuestra relación me daba, sino muy especialmente porque aquellas palabras sonaban en mis oídos como si dijeras: «¡Ahora eres libre!». Claro está que se trataba de una ilusión, no era libre, o, en el mejor de los casos, aún no lo era. Mis escritos trataban de ti, no hacía más que depositar en ellos los lamentos que no podía depositar en tu pecho. Era una despedida que yo dilataba con toda intención, una despedida que, si bien tú la habías forzado, iba por un rumbo marcado por mí. Pero ¡qué insignificante era todo eso! En realidad, sólo vale la pena mencionarlo porque ha sucedido dentro de mi vida, de otro modo ni siquiera sería notorio, y luego también por el dominio que ha ejercido sobre mi vida y como presentimiento durante la niñez; más tarde como esperanza, y todavía más tarde a menudo como desesperación, dictándome –si se quiere cobrando con todo nuevamente tu forma– mis escasas y pequeñas decisiones.

Tomemos, por ejemplo, la elección profesional. Es cierto que en ese aspecto me has dado completa libertad, con tu manera de ser magnánima y en este sentido hasta tolerante. Pero es cierto también que al hacerlo seguías una norma muy importante para ti, la forma en que generalmente trataban los judíos de clase media a sus hijos, o compartías al menos las valoraciones de esa clase social. Finalmente se añadía también uno de tus malentendidos sobre mí. Porque, ya sea por orgullo paterno, por desconocimiento de la forma en que verdaderamente soy o por conclusiones sacadas sobre mi debilidad, el caso es que me has considerado siempre como especialmente aplicado. De niño, según tu opinión, me dedicaba a estudiar sin cesar y, más tarde, me he dedicado a escribir sin cesar. Ahora bien, esto no es ni lejanamente cierto. Más bien podría decirse, exagerando mucho menos, que he estudiado poco y no he aprendido nada; si algo he aprendido en tantos años, dada mi memoria mediana y mi capacidad de asimilación que no es la peor, no es en realidad extraño. Pero el resultado final en cuanto a conocimiento, y sobre todo en cuanto a un conocimiento fundamentado, es en general muy lamentable, comparando con el tiempo y el dinero gastados, en medio de una vida aparentemente despreocupada, serena y, lo que es más, comparado con casi toda la gente que conozco. Es lamentable, pero puedo comprenderlo. Desde que tengo uso de razón me he preocupado tan profundamente en mantener mi existencia espiritual que todo lo demás me ha sido indiferente. Entre nosotros, los estudiantes judíos son casi siempre seres extraños; su ambiente es el más inverosímil, pero mi indiferencia, que apenas oculto, fría, autosatisfecha, tan desamparada como un niño, inquebrantable y que llegaba hasta el ridículo, propia de la fantasía pueril, pero gélida, no la he encontrado nunca en ninguna parte; es verdad que en mi caso esta fue mi única defensa contra la crisis nerviosa debida a mi angustia y sentimiento de culpa. Sólo me absorbía la preocupación por mí mismo y de las más variadas formas. Por ejemplo, en cuanto a mi salud; había comenzado a preocuparme de manera leve, a veces se presentaba una pequeña preocupación sobre la digestión, o la pérdida del cabello, o una desviación de la columna vertebral, etc.; esto fue en aumento, tomó innumerables matices y terminó finalmente como una enfermedad real. Ya que no me sentía seguro de nada, como a cada instante necesitaba confirmar una vez más mi existencia, y nada tenía que fuera precisamente mío, indudable y solamente mío, un hijo desheredado en realidad, también lo más cercano, mi cuerpo mismo, se volvió inseguro para mí; crecí estirándome hacia lo alto, pero no sabía qué hacer con ello, la carga era demasiado pesada, la espalda se encorvó; apenas me atrevía a moverme y mucho menos a hacer gimnasia, y quedé débil, asombrado de todo lo que aún podía disponer como por milagro, por ejemplo mi buena digestión. Eso me bastó para perderla y con ello quedó libre el camino hacia cualquier hipocondría, hasta que luego debido al esfuerzo sobrehumano que representó el hecho de querer casarme (retomaré este punto después) brotó la sangre de los pulmones, asunto en el cual la vivienda en el Schönbornpalais[20] –que sólo la conservaba porque creía que la necesitaba para escribir, de modo que también forma parte de este capítulo– puede haber contribuido bastante. Todo esto no comenzó como tú te imaginas siempre, por trabajar demasiado. Hubo años en que, completamente sano, he perdido más tiempo holgazaneando en el sofá que tú en toda tu vida, incluyendo todas tus enfermedades. Cuando te dejaba completamente ocupado, era casi siempre para ir a recostarme en mi cuarto. Mi rendimiento de trabajo total, tanto en la oficina (donde, por cierto, la pereza no los asombra y además se mantuvo limitada un poco a causa de mi timidez) como también en casa, es mínimo; si tú te dieras cuenta, te aterrorizaría. Es probable que no fuera nada perezoso por naturaleza, pero no tenía ninguna responsabilidad en que ocuparme. Allí donde vivía había sido reprobado, sentenciado, vencido en embate, y huir a alguna otra parte era en verdad para mí un esfuerzo extremo, pero que no hacía, pues era algo imposible,

---

[20] En la época en que Franz vivió en este apartamento fue cuando contrajo la tuberculosis *[N. del Ed.]*.

inalcanzable para mi debilidad, salvo ligeras excepciones.

En tales circunstancias, por ejemplo, tuve la libertad de elegir mi carrera profesional. Pero ¿era ya entonces capaz de, en general, utilizar realmente esa libertad? ¿Confiaba acaso entonces en poder llegar a ser verdaderamente un profesional? Mi autovaloración dependía mucho más de ti que de ninguna otra cosa, como de un éxito externo, por ejemplo. Esto podía fortificarme por unos momentos y ya, pero, por otra parte, tu peso me arrastraba hacia abajo, con muchísima más fuerza. Jamás podré pasar por el primer grado de la escuela primaria, pensaba; pero lo conseguí y hasta recibí un premio. Después pensé que tendría que repetir el examen de admisión a la escuela secundaria; pero no, pues no tuve que repetirlo y logré estas cosas siempre, avanzando y avanzando. Sin embargo, nada de esto me dio ninguna confianza; al contrario, estaba siempre convencido –y tenía en tu actitud de rechazo una prueba de ello– de que cuanto más lograra, más mal terminaría todo cuando llegara el momento. Con frecuencia surgía en mi mente la visión del terrible claustro de profesores (la escuela secundaria es sólo el ejemplo más significativo, pero con todo lo que me rodeaba ocurría algo similar) que se reuniría en el segundo curso si aprobaba yo el primero, o en el tercero si pasaba aquel (y así sucesivamente en los siguientes), a fin de investigar este singular caso que clamaba al cielo y así averiguar cómo yo, el más incapaz y en cualquier caso el más ignorante, había logrado colarme subrepticiamente hasta aquel curso, el cual, con toda su atención dirigida hacia mí, me eliminaría tan fácilmente como se escupe, para júbilo de todos los inocentes que quedarían liberados de semejante pesadilla. No es sencillo para un niño tener que vivir e imaginar tales cosas. ¡Qué me importaba en esas circunstancias lo que se me enseñaba! ¿Quién era capaz de sacar de mí una chispa de participación? Me interesaba la enseñanza –y no sólo la enseñanza, sino todo lo que a esa edad decisiva la rodeaba– más o menos como al que estafaba en un banco, aún trabajando allí, y tiembla ante la idea de que lo descubran mientras atiende los asuntillos corrientes del banco, pues tiene que seguir con su trabajo como empleado. Tan insignificante, tan lejano era todo. Las cosas siguieron así hasta el bachillerato, que realmente aprobé, en parte sólo mediante el engaño, y luego cesó todo; ahora estaba libre. Si aun cuando tenía la obligación de la escuela secundaria me había preocupado sólo de mí, cuánto más ahora que era libre. De manera que no había para mí ninguna libertad verdadera al elegir mi carrera profesional, puesto que sabía esto: «Frente a lo principal todo va a ser tan igualmente indiferente como todas las materias que llevaba en la escuela; se trata, pues, de encontrar una profesión que me permita más que nada esa indiferencia, sin lastimar demasiado mi vanidad». Por lo tanto, la jurisprudencia fue lo obvio. Algunos intentos adversos, debidos a la vanidad, a la absurda esperanza, tales como el estudio de química durante quince días y el estudio de letras germánicas durante medio año, apenas consiguieron reforzar aquella convicción básica. Estudié, por lo tanto, jurisprudencia. Esto significaba que desde unos meses antes de los exámenes me alimentaba espiritualmente –con graves consecuencias para mis nervios– con una especie de aserrín que, por otra parte, se me daba previamente masticado por miles de bocas. Pero en cierta forma era eso lo que quería, como antes también la escuela en cierto sentido, y después la profesión de empleado, pues todo esto se ajustaba por completo a mi situación. De todos modos, demostré una precaución asombrosa al respecto; ya como niño pequeño tenía presentimientos bastante claros referentes a los estudios y a la profesión, por lo que no esperaba salvación alguna: hacía mucho que yo había renunciado a ella.

En cambio, no he demostrado ninguna precaución en cuanto al significado y la posibilidad del matrimonio para mí; ese terror, hasta ahora el más grande de mi vida, ha caído sobre mí de una manera casi por completo inesperada. En el niño de tan lento crecimiento, esas cosas, aparentemente, quedaban muy aparte; de vez en cuando era necesario pensar en el asunto; pero no era posible reconocer que ahí se preparaba una prueba constante, decisiva y hasta la más irritable de todas. En realidad, aun así, las tentativas de matrimonio llegaron a ser el intento de salvación más importante, más lleno de esperanza, si bien después fue igualmente importante también su fracaso.

Como en ese terreno todo es fracaso para mí, temo que tampoco conseguiré hacerte entender esa tentativa de matrimonio. Sin embargo, el éxito de toda esta carta depende de ello, pues, por un lado, confluían en esas tentativas todas las fuerzas positivas de las que disponía y, por otro, confluían también y con auténtica furia todas las fuerzas negativas que he descrito como resultado compartido de tu educación. Es decir, la debilidad, la inseguridad, el sentimiento de culpa, que creaban un verdadero cordón entre el casamiento y yo. Me sería difícil, por otra parte, explicarlo, porque esto tanto lo he pensado por completo y vuelto a pensar durante días y noches, que hasta a mí me confunde el panorama. Me facilita la explicación tu manera, en mi opinión completamente errónea, de comprender este asunto; parece fácil corregir un poco esta visión tuya tan absolutamente equivocada.

Por lo pronto, tú alineas mis fracasos de matrimonio junto con otros fracasos; en sí, nada tengo en contra de eso, a condición de que aceptes mi explicación del fracaso tal como la he expuesto hasta aquí. Está efectivamente en esa línea, pero tú no valoras su importancia, y la subestimas de tal forma que cuando conversamos sobre ello, en realidad hablamos de cosas completamente distintas. Me atrevo a decir que en toda tu vida no te ha pasado nada que fuera para ti tan importante como lo son para mí esas tentativas de casamiento. No quiero decir con esto que no hayas vivido algo tan importante como esto; al contrario, tu vida ha sido mucho más rica y más llena de inquietudes y más densa que la mía, pero precisamente por eso nada tan importante te ha pasado. Es como cuando un hombre tiene que subir cinco escaloncitos bajos y otro un solo escalón que, por otro lado, por lo menos para él, es tan alto como aquellos cinco juntos; el primero no sólo superará esos cinco peldaños, sino centenares y millares de peldaños más; habrá llevado una gran vida y muy esforzada, pero ninguno de los peldaños que habrá escalado sería tan importante para él como este otro único peldaño, el primero, el otro, el imposible de escalar aun empeñando en ello todas sus fuerzas, a cuya altura no puede subir, y más allá del cual, lógicamente, tampoco puede llegar.

Casarse, formar una familia, aceptar todos los hijos que vengan, mantenerlos en este mundo inseguro y, más aún, hasta guiarlos un poco es en mi opinión lo más que un hombre puede lograr en general. Esto no lo desmiente el hecho de que aparentemente lo logre con facilidad tanta gente, pues, en primer lugar, de hecho no lo logran muchos y, en segundo lugar, esos «no muchos» por lo común no lo «hacen» sino que meramente les «sucede». Esto no es, por cierto, el quehacer último, pero aun así es muy grande y muy honroso (sobre todo porque no es posible separar nítidamente el «hacer» del «suceder»). Y al fin no se trata para nada de ese que hacer último, sino de alguna lejana aproximación, pero decente. Por supuesto, no es necesario volar al centro mismo del sol, pero sí es necesario arrastrarse hasta un lugarcito aseado donde llegue a veces el sol y donde uno pueda calentarse un poco.

¿Cuál era mi preparación para eso? Pésima. Esto ya se desprende de lo dicho. Pero, en cuanto existen para ello una preparación directa del individuo y una creación directa de las condiciones básicas generales, no se ha intervenido demasiado exteriormente. Tampoco es posible otra cosa: allí deciden las costumbres sexuales comunes a la clase social, al pueblo, a la época. De cualquier forma, tampoco has intervenido lo suficiente en eso –pues la condición para tal intervención sólo puede ser una fuerte confianza mutua, que a nosotros nos hacía falta desde hace mucho en los momentos decisivos–, ni muy afortunadamente, ya que nuestras necesidades eran completamente opuestas. Lo que a mí me conmueve, apenas puede llenarte a ti, y viceversa: lo que en tu caso es inocencia puede ser culpa en el mío, y viceversa; lo que no es trascendental para ti puede ser la tapa de mi ataúd.

Recuerdo que una noche di una vuelta contigo y con madre; fue en la Josephplatz, cerca de donde hoy está el Länderbank, y empecé a hablar de una manera tonta, grandilocuente, superior, orgullosa, serena (lo que era falso), fría (lo que fue auténtico) y balbuceante, como casi siempre cuando conversaba contigo de cuestiones interesantes; os reproché por qué me habíais dejado sin instrucción; pues sólo ahora unos condiscípulos habían tenido que apiadarse de mí, que había estado cerca de grandes peligros (allí mentía a mi manera, con desvergüenza, para aparecer como valiente, ya que mi carácter temeroso no me permitía tener apreciaciones exactas sobre qué serían los «grandes peligros»); pero finalmente insinué que ahora, por fortuna, ya lo sabía todo, que no necesitaba consejo y que todo estaba en orden. Como sea, la causa principal para haber empezado a hablar sobre ello era que al menos sentía placer al hablar de esas cosas, luego también era por curiosidad y, al fin, también para vengarme de vosotros de alguna forma y por alguna razón. Tú, como es propio de tu carácter, tomaste el asunto con mucha sencillez; sólo dijiste, más o menos, que podías darme un consejo sobre cómo hacer esas cosas sin correr riesgos. Puede que quizás haya querido provocar tal respuesta, que era tan adecuada, en realidad, a la lubricidad de un niño sobrealimentado con carne y con todo tipo de ricos manjares, inactivo físicamente y eternamente ocupado consigo mismo. Pero, sin embargo, mi vergüenza exterior quedó tan herida que, en contra de mi voluntad, ya no pude seguir hablando contigo, de manera que corté la conversación con altiva insolencia.

No es fácil juzgar la respuesta que por entonces me diste; por una parte, implica sin duda cierta franqueza avasalladora, algo que sugiere, por decirlo así, los viejos tiempos, tiempos primitivos y que, por otra parte, son muy acordes a la época moderna y su falta de escrúpulos. No sé qué edad tenía yo entonces, seguramente no mucho más de dieciséis años. Para un muchacho así fue indudablemente una contestación extraña, un hecho que demostraba la distancia que había entre nosotros, porque esta, en realidad, era la primera enseñanza directa que sobre la vida misma recibía de ti. Su significado intrínseco, que ya por entonces se grabó en mí, pero que sólo mucho después llegó a serme comprensible, era el siguiente: aquello que me aconsejabas era, según tu opinión –y mucho más en la mía por entonces–, lo más sucio que podía existir. El que quisieras cuidar de que físicamente no llevara yo a casa nada de esa suciedad era secundario, ya que con ello no hacías más que protegerte a ti mismo y a tu casa. Lo principal, más bien, radicaba en el hecho de que tú permanecías ajeno a tu consejo; eras un esposo, un hombre puro que está por encima de tales cosas; esto probablemente me resultó entonces más agudizado aún por el hecho de que también el matrimonio me pareciera una cosa indigna y que, por lo tanto, me era imposible aplicar a mis padres lo que en general se me había dicho acerca del matrimonio. Por ello tú te volvías más puro todavía, te elevabas más aún. La idea de que, quizás, antes de casarte hubieras podido aconsejarte a ti mismo de forma similar, me parecía por completo inconcebible. Así que no había en ti casi el menor rastro de suciedad. Y precisamente tú me arrojabas, como si estuviese predestinado para eso, hacia esa suciedad, sólo algunas palabras sinceras. De forma que, si en ese momento el mundo se componía únicamente de ti y de mí (una imagen que yo tenía tendencia a cultivar), entonces terminaba su pureza en ti y comenzaba en mí, por medio de tu consejo, la suciedad. Era incomprensible por sí sólo el hecho de que me despreciaras tanto, y únicamente podía explicármelo una antigua culpa de mi parte y el más profundo desprecio de la tuya. Con ello, otra vez me sentía atrapado en mi más profundo ser y de una forma extremadamente dura, por cierto.

Es acaso en este punto donde se hace más claro que no tenemos culpa alguna. «A» le da a «B» un consejo franco conforme a su concepción de la vida, no muy digno, pero, con todo, sumamente común hoy en día en la ciudad, y que tal vez sirva para impedir problemas de salud. Este consejo no le resulta muy tonificante a la moral de «B», pero ¿por qué no habría de poder deshacerse de ese daño con el correr de los años? Además, ni siquiera tiene por qué seguir ese consejo y, de todas maneras, en el consejo propiamente dicho no reside ningún motivo, que digamos, por el cual pudiera desplomarse toda la vida futura de «B». Y, sin embargo, algo de esto sucede, pero precisamente y sólo porque «A» eres tú y «B» soy yo.

De que no tenemos la culpa puedo tener también una visión particularmente clara porque un choque parecido ha vuelto a suceder entre nosotros bajo circunstancias diametralmente distintas, casi veinte años después: espantoso como hecho, aunque de por sí mucho más inocuo en realidad, pues ¿dónde había algo en mí, a los treinta y seis años, que no hubiera sido dañado? Me refiero a una pequeña discusión entablada en uno de los pocos días de irritación posteriores al hecho de comunicaros mi última intención matrimonial. Tú me dijiste más o menos: «Probablemente ella se ha puesto alguna blusa llamativa, como saben hacerlo las judías de Praga, y, de inmediato, como es natural, tú te has decidido a casarte con ella. Y eso lo más pronto posible, en una semana, mañana, hoy mismo. No te comprendo; eres un hombre adulto, vives en la ciudad, y no tienes más remedio que casarte, enseguida, con una amante. ¿No tienes acaso otras posibilidades? Si tienes miedo de eso, yo mismo te acompañaré allí». Tú lo dijiste más ampliamente y con más claridad, pero no puedo recordar los detalles, acaso también se me nublara un poco la vista, casi me llamó más la atención el que madre, aunque completamente de acuerdo contigo, recogiera de todos modos algo de la mesa y saliera del cuarto. No creo que nunca me hayas humillado más profundamente con palabras, ni que me hayas mostrado más claramente tu desprecio. Cuando, veinte años atrás, me habías hablado de manera semejante, en ello podría haber visto, con tus ojos, hasta cierto respeto por el muchacho precoz de la ciudad, que, en tu opinión, ya podía ser introducido sin rodeos en la vida. Hoy, tal consideración sólo podría aumentar el desprecio, pues el joven que en aquel entonces tomaba vuelo había quedado ahí atascado, y, según tú, no tendría hoy más experiencia que entonces, sino que parecería tener veinte años más que lamentar. Mi elección por una muchacha nada significó para ti. Tú habías mantenido siempre aplastada (inconscientemente) mi capacidad de decisión, y ahora creías saber (inconscientemente) lo que ella valía. Nada sabías de mis intentos de salvación en otros sentidos; por lo tanto, nada podías saber tampoco de las ideas que me habían llevado a este intento de matrimonio; tenías que tratar de adivinarlas y lo hacías de acuerdo con la imagen que en general te habías formado de mí, suponiendo lo más repugnante, lo más torpe, lo más ridículo. Y no has dudado un instante en decírmelo de una manera semejante. La vergüenza que con ello me producías no significaba nada para ti, en comparación con la vergüenza que, según tú, significaría para tu nombre esa boda.

Pues bien, muchas cosas puedes contestarme respecto a mis tentativas matrimoniales y lo has hecho: qué respeto podías tener por mi decisión, puesto que en dos ocasiones había yo disuelto el compromiso con F.[21] y

[21] Max Brod cambió el nombre de «Felice» por su inicial *[N. del T.]*.

que dos veces lo había reanudado; que os había arrastrado a ti y a mi madre inútilmente hasta Berlín para mi compromiso, y cosas parecidas. Todo esto es cierto, pero ¿cómo llegó a suceder?

El pensamiento básico para ambos proyectos matrimoniales fue perfectamente digno: formar un hogar e independizarme. Un pensamiento que, en verdad, te simpatiza, sólo que luego, en la realidad, se torna como ese juego infantil en el cual uno mientras retiene la mano del otro y hasta la aprieta, exclama: «Pues ¡vete!, ¡vete!, ¿por qué no te vas?». Lo cual, ciertamente, en nuestro caso, se ha complicado aún más por el hecho de que este «¡vete!» tuyo ha sido siempre muy sincero, ya que siempre, y sin saberlo, sólo gracias a la fuerza de tu carácter me has retenido o, mejor dicho, mantenido bajo tu opresión.

Ambas muchachas fueron tal vez por casualidad, es cierto, extraordinariamente elegidas. Otra vez constituye una señal de completa incomprensión el que puedas creer que yo, el miedoso, el inseguro, el desconfiado, me decidía de pronto a casarme digamos que seducido por una blusa. Más bien, ambos matrimonios habrían resultado convenientes, surgidos del raciocinio, siempre que a esto se agregue que día y noche, la primera vez durante años, la segunda vez durante meses, he empleado en esos proyectos toda mi capacidad de pensamiento.

Ninguna de las dos muchachas me ha defraudado, sino que yo he defraudado a ambas. Mi concepto sobre ellas es hoy el mismo que cuando quería casarme con ellas.

Tampoco es verdad que, debido a mi segundo proyecto matrimonial, haya despreciado las experiencias del primero, actuando por lo tanto con ligereza. Sino que los casos eran por completo distintos y, precisamente, las experiencias anteriores pudieron darme esperanza en el segundo caso, ya de por sí mucho más prometedor. No deseo entrar aquí en detalles.

Siendo así ¿por qué no me he casado entonces? Había algunos obstáculos como los hay siempre, pero en superar tales obstáculos consiste la vida. El obstáculo esencial, por desgracia, independiente de los casos mismos, es que, según parece, soy espiritualmente incapaz de casarme. Esto se hace patente en el hecho de que, a raíz del momento en que me decido a casarme, padezco insomnio, me duele la cabeza día y noche, ya la vida no es vida y, desesperado, voy tambaleante de un lado a otro. No son verdaderas preocupaciones las que causan ese estado, aunque también corren de manera paralela con incontables preocupaciones como corresponde a mi pesadez y pedantería, pero no son decisivas, si bien, como los gusanos, llevan a cabo su tarea en el cadáver; sin embargo, lo que me derriba de forma decisiva es otra cuestión. Es la presión general de la angustia, de la debilidad, del menosprecio de mí mismo.

Intentaré explicarme mejor: dentro de mis relaciones contigo, en el caso del proyecto matrimonial, dos factores aparentemente contradictorios chocan el uno contra el otro, con mayor fuerza que en ningún otro caso. El casamiento es sin duda una garantía de la más acentuada autoliberación e independencia. Yo formaría una familia, lo más elevado que en mi opinión puede conseguirse, así pues, lo más elevado también que tú has conseguido; me parecería a ti y toda vergüenza y tiranía antiguas y eternamente renovadas ya sólo pertenecerían al pasado. Tal cosa por cierto sería como un cuento de hadas, maravilloso, pero en ello reside justamente lo problemático. Es demasiado, tanto no puede conseguirse. Es como si alguien que estuviera preso no sólo guardara la intención de fugarse, cosa que quizá sería alcanzable, sino además y al mismo tiempo la intención de reconstruir la prisión haciendo de ella un lujoso castillo para sí. Así pues, si realiza la fuga, no podrá reconstruir, y si reconstruye no podrá fugarse. Si en esta singular e infortunada relación nuestra pretendo independizarme, he de hacer algo que en lo posible no tenga ninguna relación contigo; así pues, el matrimonio es lo más grande y confiere la independencia más honrosa a la vez guarda también la más estrecha relación contigo. Pretender salir de allí tenía por lo tanto algo de locos, y cada tentativa se ve castigada con la locura.

Precisamente esta relación estrecha es lo que en parte me tienta a casarme. Pienso en esa igualdad que entonces surgiría entre nosotros y que tú sabrías comprender mejor que ninguna otra, cuya belleza radicaría justamente en que yo podría ser entonces un hijo libre, agradecido, sin ninguna culpa, erguido; y tú, un padre nada afligido, nada tiránico, afectuoso, satisfecho. Pero con ese fin habría que dar por no sucedido todo lo que ha sucedido, es decir, que nosotros mismos seríamos borrados. De la forma que somos, casarme me está prohibido, precisamente por el hecho de que es la jurisdicción más propiamente tuya. En ocasiones me imagino el mapamundi extendido y tú, acostado sobre él de punta a punta. Y entonces me siento como si para mi vida apenas pudieran tomarse en cuenta aquellas zonas que, o bien no se hallan cubiertas por ti, o bien están fuera de tu alcance. Y, de acuerdo con la idea que tengo de tu tamaño, no son muchas ni muy consoladoras las regiones que quedan y, especialmente, el matrimonio no se halla entre ellas.

Al hacer esta comparación sólo se prueba que de ninguna forma pretendo que, con tu ejemplo, me hayas ahuyentado del matrimonio, como tal vez del negocio. Al contrario, no comporta ningún lejano parecido. En vuestro matrimonio, ejemplar en muchos aspectos, en la fidelidad, en la ayuda mutua, en el número de los hijos, y aun cuando luego los hijos crecieron y perturbaron cada vez más la paz, el matrimonio como tal quedó intacto. Quizá este ejemplo también ha de haber contribuido a formar mi elevado concepto del matrimonio; el hecho de que el ansioso deseo de casarme permaneciese impotente tenía otros motivos en realidad. Estos se debían a tu relación con los hijos, de la cual trata por cierto toda esta carta.

Existe una postura según la cual el temor al matrimonio se origina, en ocasiones, en el temor de que los hijos más adelante le hagan pagar a uno los pecados cometidos hacia sus propios padres. Esto, creo, no tiene mucha aplicación en mi caso, ya que mi sentimiento de culpa procede de ti, y, por otra parte, está demasiado compenetrado de su singularidad; es más, esa sensación de singularidad forma parte de su esencia torturante: una repetición es inconcebible. Pero de cualquier forma te diré que semejante hijo, mudo, ensordecido, seco y perdido, me resultaría insoportable; sin duda yo, de no existir otra posibilidad, huiría de él, me iría, tal como tú quisiste hacerlo ahora debido a mi casamiento. De modo que esta consideración, asimismo, bien puede ejercer un influjo secundario en mi incapacidad de casarme.

Mucho más importante, sin embargo, es el papel que desempeña en ello el temor por sí mismo. Esto debe entenderse de la siguiente forma: ya he insinuado que con el hecho de escribir y todo lo que se relacione con ello, he realizado pequeños intentos de independencia, intentos de fuga con poco éxito, que no me llevarán muy lejos, según innumerables pruebas. No obstante, es mi deber o, más aún, mi vida misma, velar por ellos, no dejar que los aceche ningún peligro que yo pudiera impedir, lo que es más, ni siquiera permitir que sea posible un peligro semejante. El matrimonio es un peligro de este tipo, como así también la posibilidad de máximo impulso, pero a mí me basta con que sea la posibilidad peligrosa. ¡Qué haría yo si, a pesar de todo, resultara peligroso! ¡Cómo podría continuar en el matrimonio con la sensación, acaso ineludible y de todas maneras indiscutible, de ese peligro! Frente a ello ciertamente puedo dudar, pero el desenlace final es seguro: debo renunciar. La comparación del gorrión en la mano y la paloma sobre el tejado viene al caso muy remotamente. Nada tengo en la mano, todo está en el tejado, aun así, tan decisivas son las condiciones de la lucha y las necesidades de la vida, debo escoger la nada. De un modo semejante, por otra parte, también he tenido que decidir cuando se trataba de la elección profesional.

Pero el obstáculo más importante para el matrimonio es mi certeza, ya irrealizable, de que para el mantenimiento de una familia, y aún más guiarla, necesitan de todo lo que he conocido en ti y, entiéndase bien, hablo de la conjunción de lo bueno y lo malo, tal como se halla orgánicamente reunido en ti, a saber: la fuerza y la mofa de otro, salud y cierta desmesura, elocuencia e incompetencia, seguridad y menosprecio a cualquier otra persona, superioridad mundana y tiranía, la experiencia del hombre y la desconfianza de los demás; también virtudes sin detrimento alguno, tales como la laboriosidad, la perseverancia, la presencia de ánimo y la valentía. De todo esto no poseía yo comparativamente casi nada o sólo muy poco y ¿con ello quería atreverme a casarme, que bien podía ver que aun tú tenías que luchar duro en el matrimonio, y que hasta fracasabas ante tus hijos? Claro que esta cuestión no me la he planteado explícitamente ni la he contestado de ese modo; pues de lo contrario la reflexión acostumbrada se habría apoderado del asunto señalándome a otros hombres, diferentes de ti (para nombrar uno, próximo y muy diferente, el tío Richard[22]), que a pesar de todo se han casado y, al menos, no se han derrumbado con ello, lo cual ya es muchísimo y me habría más que bastado. Pero el hecho es que yo no me planteaba esa cuestión, sino que la vivía desde la infancia. No me puse a prueba con el matrimonio, sino que lo hice antes con cosas sin importancia; y, persuadido por tu ejemplo y educación, ante estas cosas sin importancia y tal como he descrito, me convenciste de mi incapacidad; aquello que era cierto y te confería la razón acerca de cualquier insignificancia era natural que fuese mucho más cierto respecto a lo más importante, esto es, respecto al hecho de casarse. Hasta mis proyectos de boda, he venido creciendo más o menos como un comerciante que pasa sus días a la buena de Dios, ciertamente inmerso en sus preocupaciones y funestos presentimientos, pero sin llevar la contabilidad en orden. Obtiene algunas pequeñas ganancias a

---

22 Richard Löwy era el tío de Franz *[N. del Ed.]*.

las que, dada su extraña forma de ser, sobrevalora y exagera siempre en su imaginación, pero que, en realidad, sólo tiene pérdidas diarias. Todo se registra, pero jamás se hace balance. Y ahora llega la obligación del balance, esto es, el intento de matrimonio. En vista de las grandes sumas con que hay que contar para eso, las cosas se presentan como si jamás hubiera habido la menor ganancia, todo es una gran deuda. ¡Atrévete a casarte sin volverte loco!

Así termina mi vida contigo hasta ahora y tales son las perspectivas que lleva en sí para el futuro.

Si examinas el conjunto de mi fundamentación sobre el miedo que te tengo, podrías contestar: «Tú afirmas que se me facilitan las cosas, al explicar mi relación contigo echándote solamente a ti la culpa, pero yo creo que para ti, no obstante el esfuerzo aparente, las cosas no son demasiado difíciles sin duda, y en cambio tu resultado es mucho más provechoso. En primer lugar, tú también rechazas toda culpabilidad y responsabilidad de tu parte, con lo cual en realidad nuestros procederes se igualan. Pero mientras que yo, después de pensarlo con franqueza, te atribuyo únicamente a ti la culpa, tú quieres ser al mismo tiempo "superinteligente" y "supercariñoso" absolviéndome, también a mí, de cualquier culpa. Claro está que esto último lo consigues sólo en apariencia (y no pretendes más), y pese a todos los "giros" acerca de esencia y naturaleza y antagonismo y desamparo, surge entre líneas que en realidad he sido yo el agresor, mientras que todo lo que tú has hecho fue únicamente defenderte. De modo que, aunque fuera por tu falta de sinceridad, ahora ya habrías conseguido bastante, puesto que has demostrado tres cosas: primera, que eres inocente; segunda, que soy culpable; y, tercera, que únicamente por ser sublime estás dispuesto no sólo a perdonarme, sino, lo que es más y es menos, también a demostrar y a querer creerlo tú mismo, que yo, y esto no es verdad, también soy inocente. Esto podría ser suficiente por ahora, pero aún no te basta. Pues te has metido en la cabeza la pretensión de querer vivir enteramente de mí. Reconozco que estemos luchando el uno con el otro, pero hay dos clases de lucha. La lucha caballeresca en la cual se miden las fuerzas de dos adversarios independientes, aquella en que cada cual permanece solo, pierde solo y vence solo. Y la lucha del parásito, que no sólo pica sino que, además, para conservar su vida, chupa la sangre también. Así es el verdadero soldado mercenario y así eres tú. Eres un incapaz en la vida; pero para poder arreglártelas cómodamente en ella, sin preocupaciones ni remordimientos, demuestras que yo te he quitado toda tu capacidad vital guardándomela en los bolsillos. ¡Qué te importa entonces tu incapacidad en la vida, puesto que yo soy el responsable! Tú plácidamente te recuestas, te tiendes, y dejas que yo, física y espiritualmente, te arrastre a través de la vida. Un ejemplo: cuando últimamente quisiste casarte, al mismo tiempo, en realidad lo confiesas en esta carta, no querías casarte; pero, para evitar todo esfuerzo, deseabas que yo te ayudara a que no te casaras, prohibiéndote ese casamiento a causa de la "vergüenza" que tal unión traería a mi nombre. Pero tal cosa ni me pasaba por la mente. En primer lugar, no deseaba yo, como no lo deseo nunca, "ser un obstáculo para tu vida" y, en segundo lugar, jamás quisiera ser víctima de semejante reproche por parte de un hijo mío. Pero la forma en que necesité superarme al dejarte en plena libertad para ese matrimonio, ¿acaso me ha servido de algo? En lo más mínimo. Mi aversión a ese casamiento no hubiera podido impedirlo; al contrario, habría sido un incentivo más para que te casaras con la muchacha, pues la "tentativa de fuga", tal como tú te expresas, se habría realizado cabalmente con ello. Pero mi consentimiento para la boda no ha impedido tus recriminaciones, puesto que demuestras que en cada caso soy yo el culpable de que no te casaras. En el fondo, con esto y con todo lo demás, no me has demostrado aun así otra cosa, sino que todos mis reproches han sido justificados y que hizo falta entre ellos uno particularmente justificado, o sea, el reproche de la falta de sinceridad, de la adulación, del parasitismo. Y si no me equivoco completamente, aún sigues parasitando con esta carta».

A lo cual respondo yo que, por lo pronto, todas estas objeciones que haces, en parte, también pueden volverse contra ti, aunque no vengan de ti sino justamente de mí. Pues ni siquiera es tan grande tu desconfianza de los demás como mi autodesconfianza para la que me educaste. No niego que, hasta cierto punto, tenía derecho a objetar, lo que de por sí daba también un matiz nuevo a la caracterización de nuestra relación. Claro que las cosas no pueden en la realidad adaptarse tan bien unas a las otras como se ajustan las demostraciones en mi carta, pues la vida es algo más que un rompecabezas; pero con la corrección que surge de esa objeción escrita, una corrección que ni quiero ni puedo llevar a cabo en detalle, se ha logrado aun así, en mi opinión, algo muy cercano a la verdad, a tal punto que puede tranquilizarnos un poco a ambos y hacernos más fácil el vivir y el morir.

Franz

Índice